W0047145

100
faszinierende Tatsachen

DIE ERDE

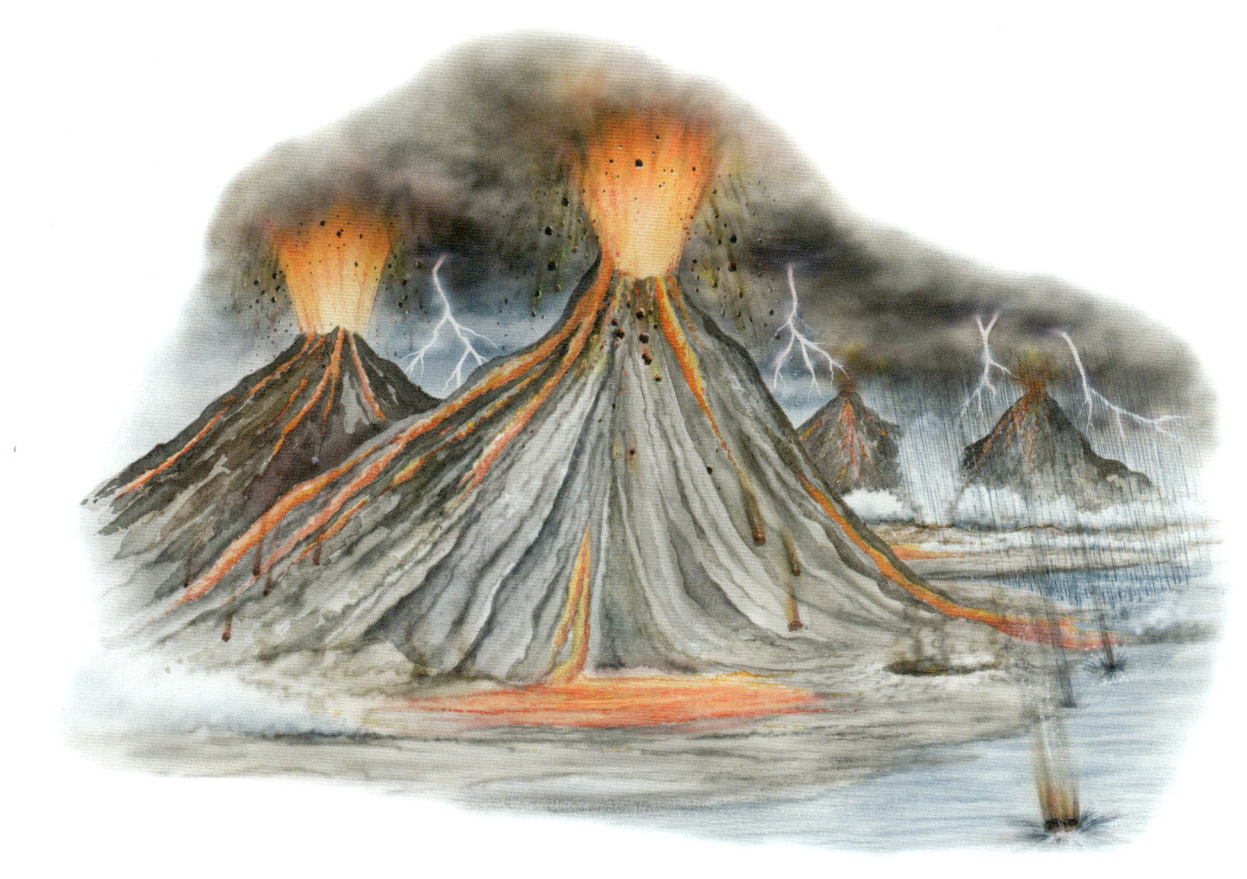

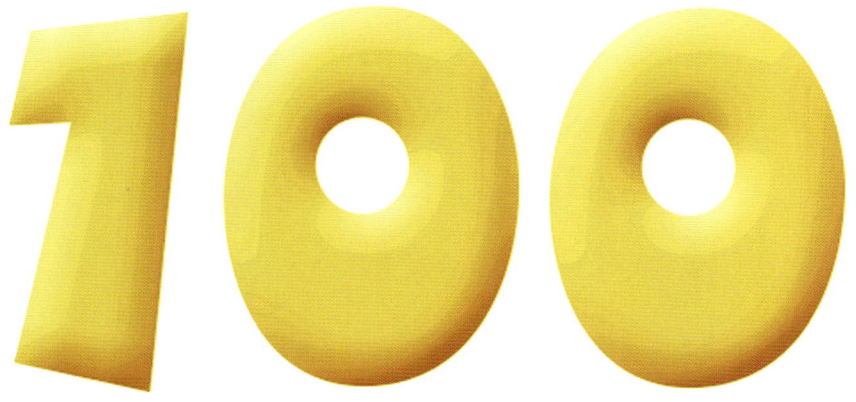

100

faszinierende Tatsachen

DIE ERDE

Peter Riley

Berater: Clive Carpenter

Übersetzt von Wiebke Krabbe

DANKSAGUNG

Der Herausgeber dankt den folgenden Künstlern für ihre Mitarbeit
an diesem Buch:

Chris Buzer / Studio Galante   Andy Lloyd-Jones / Allied Artists
Mark Davis / Mackerel   Janos Marffy
Nicholas Forder   Roger Payne / Linden Artists Ltd
Mike Foster / Maltings Partnership   Eric Rowe / Linden Artists Ltd
Terry Gabbey / AFA   Martin Sanders
Luigi Galante / Studio Galante   Peter Sarson
Peter Gregory   Rob Sheffield
Brooks Hagan / Studio Galante   Francesco Spadoni / Studio Galante
Steve Hibbick / S.G.A.   Roger Stewart
Richard Hook / Linden Artists Ltd   Rudi Vizi
John James / Temple Rogers   Mike White / Temple Rogers

Cartoons von Mark Davies / Mackerel

ISBN 3-8212-2609-9
© by XENOS Verlagsgesellschaft mbH,
Am Hehsel 40, 22339 Hamburg
Satz: Rüdiger Mohrdieck
Die Originalausgabe erschien 2001 bei
Miles Kelly Publishing Ltd,
Bardfield Centre, Great Bardfield, Essex, CM7 4SL
unter dem Titel
100 things you should know about Planet Earth
Copyright © Miles Kelly Publishing 2001
Printed in Italy

Inhalt

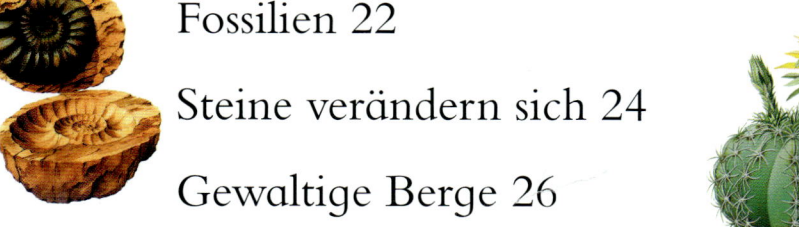

Die schnelle Kugel

1 Die Erde ist eine große Kugel aus Gestein, die sich mit fast 30 000 Metern in der Sekunde durchs All bewegt. Sie wiegt 6000 Trillionen Tonnen. Etwa zwei Drittel der felsigen Oberfläche sind von Wasser bedeckt – das sind die Meere und Ozeane. Felsen, die nicht von Wasser bedeckt sind, bilden das Land. Die Erde ist von einer Schicht aus Gas (Luft) umgeben, die wir Atmosphäre nennen. Sie ist etwa 700 Kilometer dick. Dahinter beginnt der Weltraum.

Woher kommt die Erde?

2 Die Erde hat sich aus einer Gas- und Staubwolke im Weltraum gebildet. Das war vor etwa 4600 Millionen Jahren. Ein naher Stern explodierte und versetzte die Wolke in Drehung. Dadurch sammelten sich die Gase in ihrer Mitte, aus ihnen entstand die Sonne. Der Staub wirbelte außen herum und verklumpte zu Felsbrocken, die immer weiter anwuchsen. So entstanden die Planeten, darunter die Erde.

5. Ursprünglich gab es auf der Erde eine einzige große Landmasse. Dieses Land ist heute in sieben Teile zerfallen - die Kontinente.

▶ Wenn alte Sterne explodieren oder einfach zu leuchten aufhören, bilden sich Wolken aus Gas und Staub. Dabei entstehen neue Sterne und Planeten.

1. Die Wolke beginnt sich zu drehen.

4. Vulkane brechen aus und setzen Gase frei. So entstand die erste Atmosphäre.

3. Die Erde kühlt ab, die harte Schale bildet sich.

3 Zuerst war die Erde sehr heiß. Als die Felsbrocken zusammenprallten, erhitzten sie sich und verschmolzen miteinander. Die neue Erde war eine Kugel aus flüssigem Stein mit einer dünnen, harten Schale.

2. Der Staub ballt sich zu Klumpen, ein kleiner Planet ist entstanden.

4 Viele große Felsbrocken, Meteoriten genannt, prallten auf die Erde. Sie schlugen runde Löcher in die Erdoberfläche. Diese Löcher nennen wir Krater. Zur gleichen Zeit schlugen auch Meteoriten auf dem Mond ein. Du kannst ihre Krater sehen, wenn du ihn durch ein Fernglas anschaust.

▶ Auch der Mond wurde von Meteoriten getroffen. Dadurch entstanden tiefe Krater und Gebirgszüge von über 6000 Meter Höhe.

▼ Vulkanausbrüche und schwere Stürme halfen, die Meere und die Atmosphäre zu bilden. Sie lieferten auch die Energie, die nötig war, um Leben entstehen zu lassen.

5 Meere und Ozeane bildeten sich, als die Erde abkühlte. Vulkane brachen aus und ließen Dampf, Gase und Felsbrocken aus dem Erdinnern entweichen. Als die Erde abkühlte, verwandelte sich der Dampf in Wassertröpfchen, aus denen Wolken entstanden. Die Erde kühlte weiter ab, und die Tröpfchen wurden zu Regen. Es regnete Millionen von Jahren, bis die Ozeane gefüllt waren.

KAUM ZU GLAUBEN!
Millionen von Felsbrocken treffen die Erde, während sie durch den Weltraum saust. Einige landen als Meteoriten auf der Erdoberfläche.

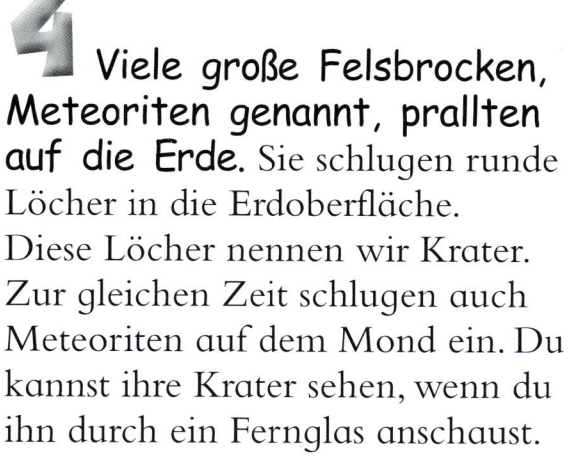

In Schwung

6 **Die Erde ist wie ein großer Kreisel.** Sie dreht sich noch immer, weil sie aus einer rotierenden Staub- und Gaswolke entstanden ist. Sie steht aber nicht ganz gerade, sondern ist etwas zur Seite geneigt. In 24 Stunden dreht sich die Erde einmal um sich selbst.

Mittag

7 **Durch diese Drehung entstehen Tag und Nacht.** Jeder Teil der Erde dreht sich einmal am Tag zur Sonne hin und dann wieder weg. Wenn ein Teil zur Sonne zeigt, ist dort Tag. Und zeigt ein Teil von der Sonne weg, ist Nacht. Wohin zeigt jetzt der Teil der Erde, auf dem du lebst?

Morgen

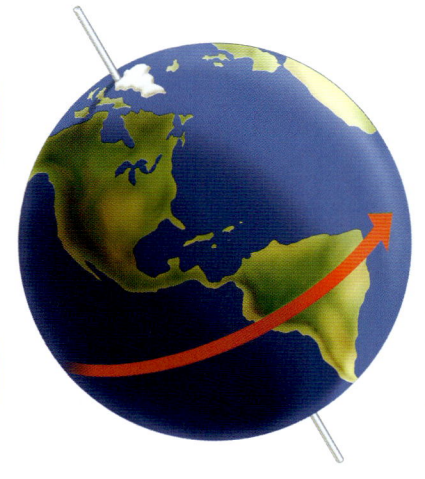

◄ Schaut man aus dem Weltraum auf die Erde, scheint sie sich von links nach rechts zu drehen. Und schaut man vom Nordpol nach Süden, scheint sie sich gegen den Uhrzeigersinn zu drehen.

8 **Die Erde dreht sich um die Achse zwischen ihren Polen.** Das sind zwei Punkte auf ihrer Oberfläche, die sich gegenüberliegen. Einer liegt oben auf der Erde, das ist der Nordpol. Der andere liegt unten und heißt Südpol. Nord- und Südpol sind immer von Eis bedeckt, dort ist es also sehr kalt.

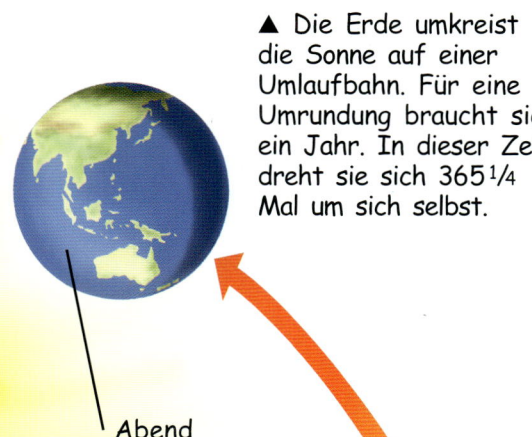

▲ Die Erde umkreist die Sonne auf einer Umlaufbahn. Für eine Umrundung braucht sie ein Jahr. In dieser Zeit dreht sie sich 365 1/4 Mal um sich selbst.

Abend

Nacht

▲ Wenn ein Teil der Erde zur Sonne gewandt ist, liegt der andere im Dunkeln. Dreht sich ein Teil zur Sonne hin, ist es Morgen. Und dreht er sich von der Sonne weg, ist es Abend.

BAU DIR EINEN KOMPASS

Einen Kompass braucht man, um die Richtung zum Nord- und Südpol zu finden.

Du brauchst:

eine Schüssel Wasser   ein Stück Holz
einen Stabmagneten   einen Kompass

Leg den Stabmagneten auf das Holz und lass beides auf dem Wasser schwimmen. Das Holz darf den Schüsselrand nicht berühren. Wenn das Holz ruhig liegt, vergleiche die Richtung, in die der Magnet zeigt, mit dem Kompass. Der Magnet zeigt genau nach Norden und Süden.

9 **Die kreiselnde Erde wirkt wie ein Magnet.**
Das Innere der Erde enthält flüssiges Eisen. Wenn sich die Erde dreht, wirkt dieses Eisen wie ein Magnet mit Pol und Gegenpol. Die Nadel in einem Kompass ist magnetisch und richtet sich in Nord-Süd-Richtung aus.

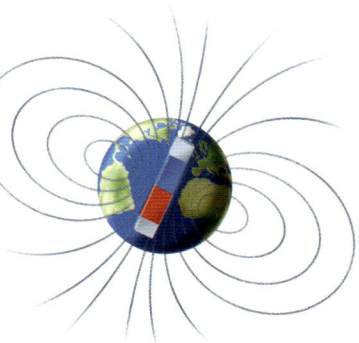

▲ Diese Linien zeigen die Anziehungskraft des Magneten in der Erde.

Das Innere der Erde

10 **Die Erde besteht aus verschiedenen Teilen.** Außen liegt die harte, felsige Kruste. Darunter folgt eine feste Schicht, die man Mantel nennt. Im Inneren liegt der Erdkern. Der äußere Teil des Kerns ist flüssig, der innere Kern fest.

11 **In der Mitte der Erde befindet sich eine gewaltige Metallkugel, der innere Kern.** Er hat einen Durchmesser von 2500 Kilometern und besteht hauptsächlich aus Eisen und etwas Nickel. Der innere Kern hat eine Temperatur von unglaublichen 6000 °C. Bei dieser Hitze schmelzen Metalle normalerweise. Aber im Erdkern bleiben sie fest, weil die anderen Schichten so schwer auf sie drücken.

12 **Um den inneren Kern liegt eine Schicht aus heißem, flüssigem Metall.** Das ist der äußere Kern mit etwa 2200 Kilometer Dicke. Wenn sich die Erde dreht, drehen sich der innere und der äußere Kern mit unterschiedlicher Geschwindigkeit.

▼ Könnte man die Erde durchschneiden, würde sie so aussehen. Sie besteht aus Schichten wie eine Zwiebel.

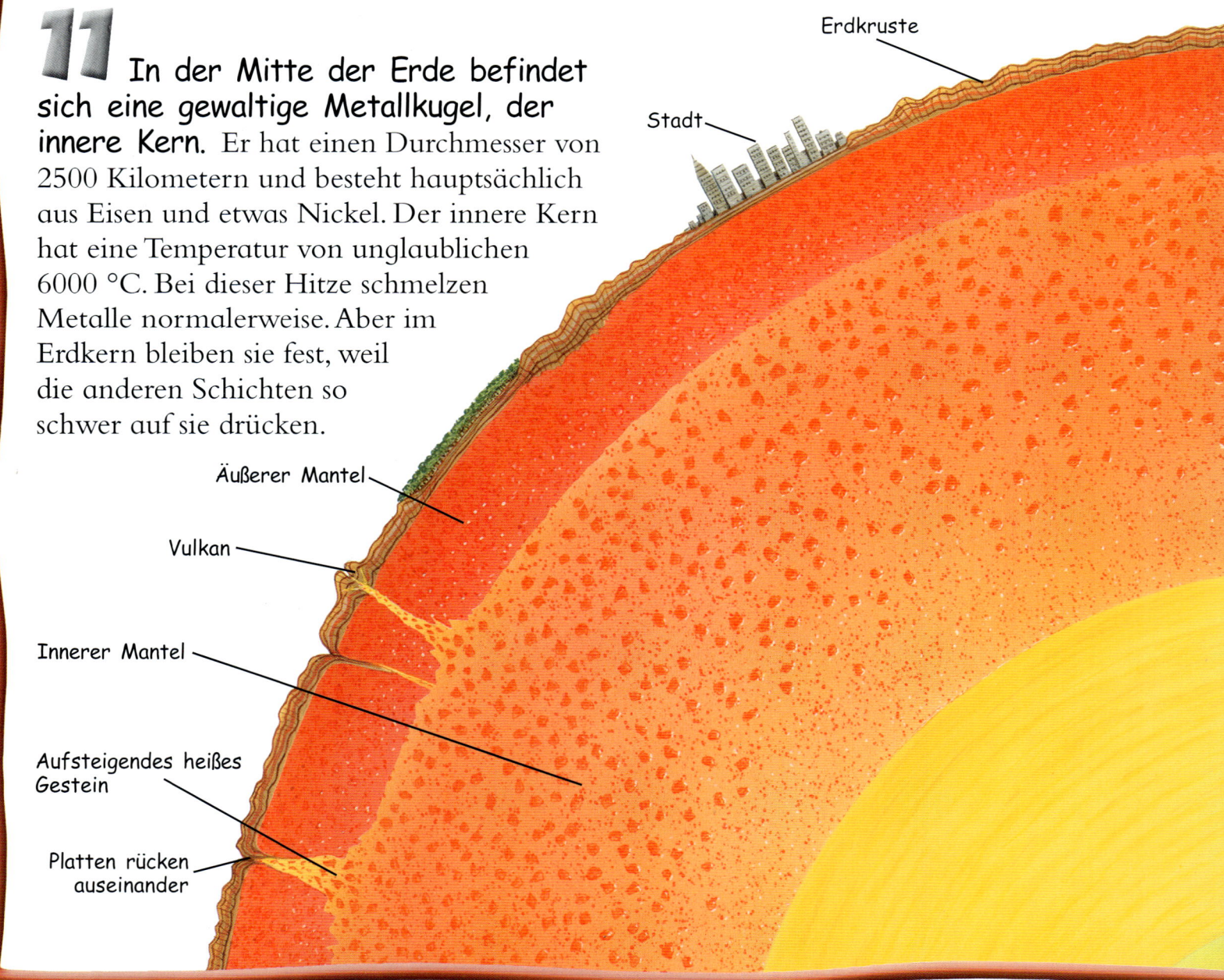

Erdkruste

Stadt

Äußerer Mantel

Vulkan

Innerer Mantel

Aufsteigendes heißes Gestein

Platten rücken auseinander

13 **Die dickste Schicht der Erde nennt man Mantel.** Sie ist 2900 Kilometer dick und liegt zwischen Erdkern und Erdkruste. Nahe der Kruste besteht der Mantel aus Gestein, das sich langsam bewegt. Wenn du auf eine offene Tube Zahncreme drückst, bewegt sich die Zahncreme wie die Steine in der oberen Mantelschicht.

Äußerer Kern

Innerer Kern

14 **Die Oberfläche der Erde ist von der Erdkruste bedeckt.** Das Land wird von der Kontinentalkruste mit etwa 20 bis 70 Kilometer Dicke gebildet. Sie besteht meistens aus dem Gestein Granit. Der Meeresboden ist eine 8 Kilometer dicke Kruste und besteht hauptsächlich aus einem Gestein, das Basalt heißt.

15 **Die Kruste besteht aus großen Stücken, den so genannten Platten.** Auf den meisten Platten findet man Wasser und Land. Einige, darunter die Pazifikplatte, sind fast nur von Wasser bedeckt. Die großen Landflächen heißen Kontinente. Davon gibt es sieben: Afrika, Asien, Europa, Nordamerika, Südamerika, Australien und die Antarktis.

16 **Die Kontinente bewegen sich sehr, sehr langsam.** Durch die Bewegungen des Erdmantels verschieben sich die Platten auf der Erdoberfläche. An einigen Stellen bewegen sich die Platten zueinander hin, an anderen voneinander weg. Nordamerika rückt jedes Jahr drei Zentimeter von Europa ab.

◀ Die Erdkruste hat Lücken, durch die heißes Gestein aus dem Erdinneren an die Oberfläche gelangt.

Heiße Steine

17 **An einigen Stellen der Erde drängt heißes, flüssiges Gestein an die Oberfläche.** Das sind die Vulkane. Unter einem Vulkan liegt die Magma-Kammer, eine große Blase aus geschmolzenem Stein. In der Kammer baut sich Druck auf, ähnlich wie in einer Brauseflasche, wenn man sie schüttelt. Bei einem Vulkanausbruch werden Asche, Dampf und flüssiges Gestein in die Luft geschleudert.

▲ Die Abbildungen zeigen einen Schild- vulkan (oben), einen Kratervulkan (Mitte) und einen Schichtvulkan (unten).

18 **Vulkane haben verschiedene Formen und brechen auf verschiedene Weise aus.** Die meisten haben in der Mitte einen Schlot, der nach oben führt. Aus manchen Vulkanen, etwa auf Hawaii, dringt dünnflüssige Lava. Sie strömt aus dem Schlot und bildet eine gerundete Kuppel – einen Schild- vulkan. Die Lava anderer Vulkane ist zähflüssig. Wenn sie ausbrechen, entsteht Asche, die sich auf der Lava ablegt. Ein Schichtvulkan wird gebildet. Eine Caldera (Kratervulkan) entsteht, wenn die Spitze eines Schicht- vulkans durch einen Ausbruch abgesprengt wird und die Ränder in den Krater zurückstürzen.

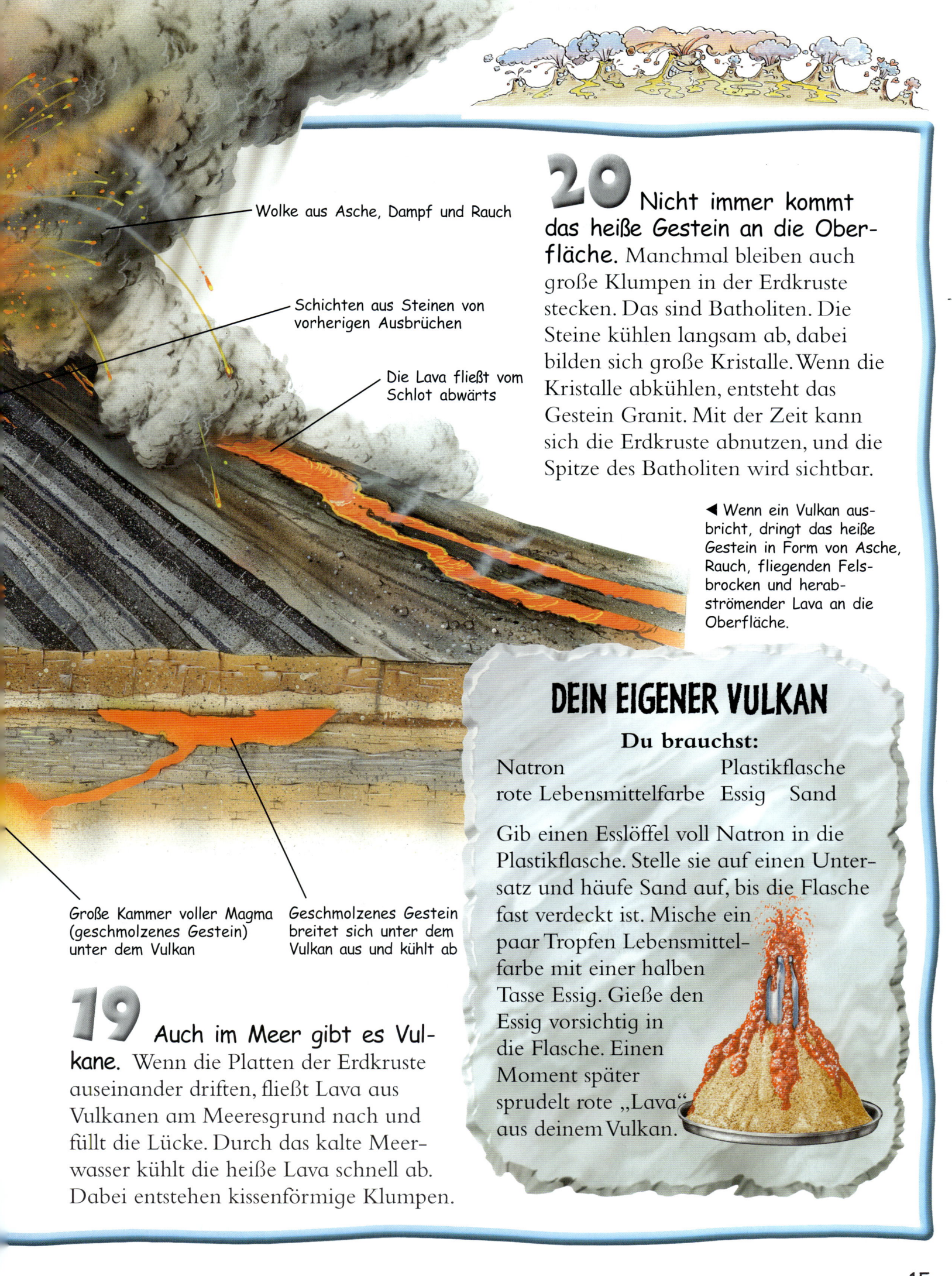

Wolke aus Asche, Dampf und Rauch

Schichten aus Steinen von vorherigen Ausbrüchen

Die Lava fließt vom Schlot abwärts

Große Kammer voller Magma (geschmolzenes Gestein) unter dem Vulkan

Geschmolzenes Gestein breitet sich unter dem Vulkan aus und kühlt ab

20 Nicht immer kommt das heiße Gestein an die Oberfläche. Manchmal bleiben auch große Klumpen in der Erdkruste stecken. Das sind Batholiten. Die Steine kühlen langsam ab, dabei bilden sich große Kristalle. Wenn die Kristalle abkühlen, entsteht das Gestein Granit. Mit der Zeit kann sich die Erdkruste abnutzen, und die Spitze des Batholiten wird sichtbar.

◄ Wenn ein Vulkan ausbricht, dringt das heiße Gestein in Form von Asche, Rauch, fliegenden Felsbrocken und herabströmender Lava an die Oberfläche.

DEIN EIGENER VULKAN

Du brauchst:

Natron   Plastikflasche
rote Lebensmittelfarbe   Essig   Sand

Gib einen Esslöffel voll Natron in die Plastikflasche. Stelle sie auf einen Untersatz und häufe Sand auf, bis die Flasche fast verdeckt ist. Mische ein paar Tropfen Lebensmittelfarbe mit einer halben Tasse Essig. Gieße den Essig vorsichtig in die Flasche. Einen Moment später sprudelt rote „Lava" aus deinem Vulkan.

19 Auch im Meer gibt es Vulkane. Wenn die Platten der Erdkruste auseinander driften, fließt Lava aus Vulkanen am Meeresgrund nach und füllt die Lücke. Durch das kalte Meerwasser kühlt die heiße Lava schnell ab. Dabei entstehen kissenförmige Klumpen.

Es kocht und blubbert

21 **Geysire findet man manchmal auf alten Vulkanen.** Wenn solche Vulkane zusammenfallen, stürzen die Kraterränder auf das heiße Gestein in der alten Magma-Kammer. Die Lücken zwischen den zerbrochenen Felsen bilden Kammern und Röhren, in denen sich Regenwasser sammelt und erhitzt wird, bis es kocht. Dampf entsteht und drückt das Wasser durch eine Öffnung nach oben. Dabei kann eine 60 Meter hohe Fontäne aus Dampf und heißem Wasser entstehen.

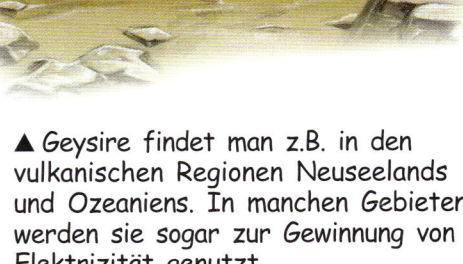

▲ Geysire findet man z.B. in den vulkanischen Regionen Neuseelands und Ozeaniens. In manchen Gebieten werden sie sogar zur Gewinnung von Elektrizität genutzt.

22 **In der Nähe von Vulkanen auf dem Meeresboden gibt es heiße Quellen, die man Schwarze Schlote nennt.** Die Vulkane erhitzen das Wasser. Das heiße Wasser löst Chemikalien, die sich schwarz färben, wenn sie in das kühlere Meerwasser eintreten. Wie schwarze Wolken steigen sie aus den Schloten auf.

23 **In einer heißen Quelle blubbert das Wasser an der Oberfläche sanft.** Erhitztes Wasser steigt aus einer Kammer durch einen Kanal nach oben in ein Becken. Im warmen Wasser leben viele winzige Pflanzen, Bakterien und Algen. Darum ist das Wasser heißer Quellen oft farbig.

◄ Die Schornsteine der schwarzen Schlote entstehen aus Chemikalien im heißen Wasser. Sie kleben zusammen und bilden steinerne Röhren.

24

Beim Waten in einem Schlammtopf wird die Haut weich und glatt. Ein Schlammtopf entsteht, wenn der Dampf Gestein in winzige Teilchen zerkleinert. Diese mischen sich mit Wasser, Schlamm entsteht. Heißer Dampf dringt nach oben und bringt den Schlamm zum Blubbern.

▼ Schlammtopf

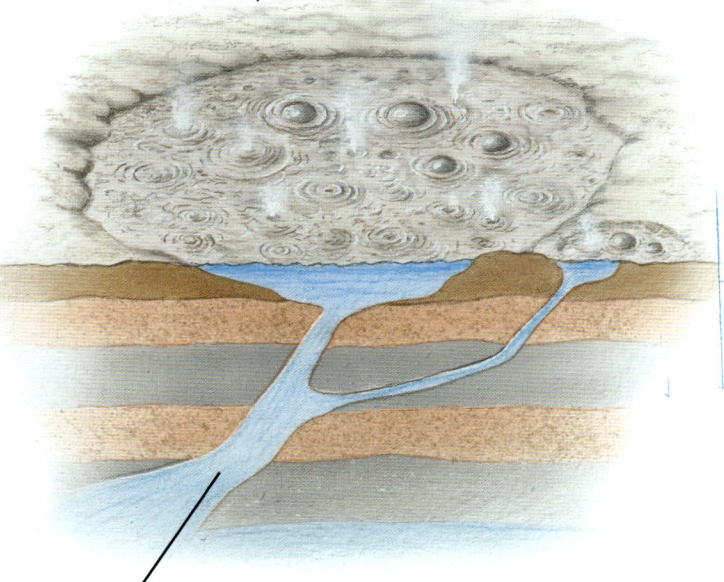

Heißes Wasser mischt sich mit dem Schlamm an der Oberfläche.

▲ Die Dämpfe bilden in einem Schlammtopf Blasen, die schließlich platzen und den Dampf in die Luft entweichen lassen.

25

Dampf und stark riechende Gase dringen aus Löchern in der Erde. Diese Löcher nennt man Fumarolen. Schon die Römer nutzten diesen Dampf für ihre Dampfbäder. Der Dampf hilft, Gelenke und Lunge gesund zu halten.

▼ Fumarole   Dampf entweicht

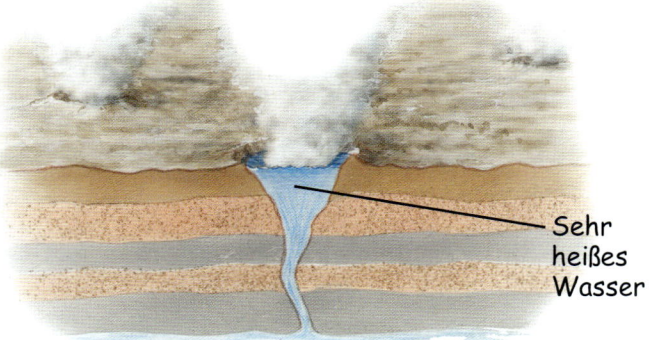

Sehr heißes Wasser

▲ Unter einer Fumarole wird das Wasser so heiß, dass es sich in Dampf verwandelt, der an die Oberfläche gedrückt wird.

26

In Island nutzt man den unterirdischen Dampf für die Straßenbeleuchtung. Der Dampf wird zu Kraftwerken geleitet und treibt dort Generatoren an, die Elektrizität erzeugen. In den Häusern funktionieren Lampen, Fernseher und Computer damit.

DEIN EIGENER GEYSIR

Du brauchst:
Eimer   Plastiktrichter
Plastikschlauch

Fülle den Eimer mit Wasser. Dreh den Trichter kopfüber und drücke ihn unter Wasser. Nimm ein Stück Plastikschlauch und schiebe ein Ende unter den Trichter. Puste kräftig in das andere Ende. Eine Fontäne aus Luft und Wasser schießt aus dem Trichter. Vorsicht – dabei kann dein Gesicht nass werden.

Gestein wird zerkleinert

27 **Eis hat genug Kraft, um Felsen zu sprengen.** Regenwasser dringt in Felsspalten ein und gefriert bei kaltem Wetter. Wenn Wasser zu Eis gefriert, dehnt es sich aus. Dieses Eis hat so viel Kraft, dass es die Felsspalten vergrößert. Im Laufe der Zeit kann ein Fels dabei in viele kleine Teilchen zerfallen.

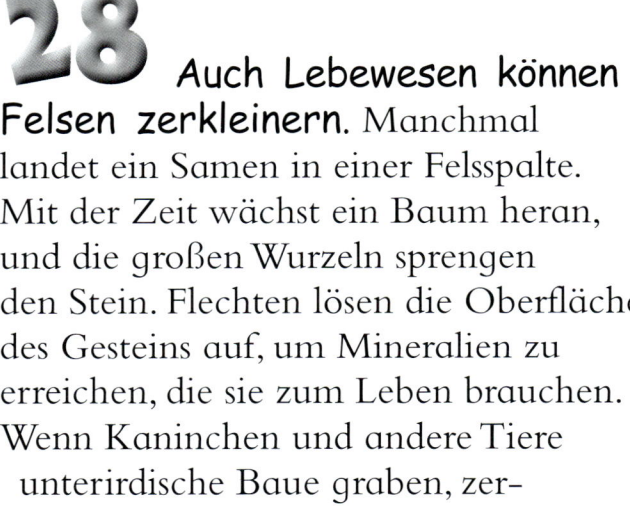

Eis zersprengt Felsen.

28 **Auch Lebewesen können Felsen zerkleinern.** Manchmal landet ein Samen in einer Felsspalte. Mit der Zeit wächst ein Baum heran, und die großen Wurzeln sprengen den Stein. Flechten lösen die Oberfläche des Gesteins auf, um Mineralien zu erreichen, die sie zum Leben brauchen. Wenn Kaninchen und andere Tiere unterirdische Baue graben, zerkleinern auch sie Gestein.

Baumwurzeln drängen sich durch das Gestein.

29 **Steine zerbrechen durch Erwärmung und Abkühlung.** Erwärmt sich ein Stein, dehnt er sich ein bisschen aus. Kühlt er ab, schrumpft er auf seine ursprüngliche Größe. Wenn das viele Male geschieht, zerfallen manche Steine in Flocken. Manchmal bilden sich die Flocken auf der Außenseite, so dass die Steine wie riesige Zwiebeln aussehen.

▶ Die Flocken platzen ab und hinterlassen ein ungleichmäßiges Muster aus Rissen auf der Steinoberfläche.

30

Gletscher zertrümmern Felsen und tragen sie davon. Gletscher sind Flüsse aus Eis, die sich auf Berggipfeln bilden. Ganz langsam schmelzen sie und rutschen den Berg hinab. Wenn sich ein Gletscher bewegt, reißt er ganze Felsbrocken mit sich. Manche davon werden zerkleinert oder sogar zu Sand zermahlen.

▶ Schnee fällt auf die Berggipfel und wird durch sein eigenes Gewicht zu Eis. Das Eis bildet einen Gletscher, der langsam ins Tal strömt, bis er schließlich schmilzt.

Gipfel, wo Gletscher entstehen

Fluss aus Eis

Die Gletscherzunge, wo das Eis schmilzt

31

Die Steine in Flüssen und Meeren werden immer kleiner. Das Wasser fließt über die Steine und nutzt sie ab. Es löst auch Mineralien aus dem Gestein. Außerdem schleifen Sand und Kies die Oberfläche des Gesteins ab.

32

Sogar der Wind kann Felsen zerkleinern, aber das dauert sehr lange. Starke Winde schleudern Sand und Kies gegen Felsen, die dadurch abgeschliffen werden. Dann löst der Wind alle losen Teilchen von der Oberfläche des Felsens und bläst sie davon.

KAUM ZU GLAUBEN!

In einem Teil der Türkei haben die Menschen Höhlen in hohe Felsen gehauen, um darin zu wohnen.

Glatte Felswand

Bogen

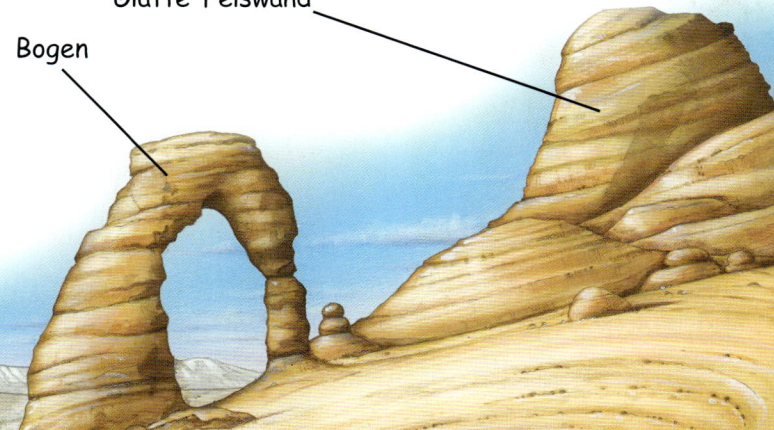

Neues Gestein entsteht

33 Steine verschiedener Größe können zusammenkleben. So entsteht neues Gestein. Vor Jahrtausenden lagerten sich Steinbrocken, kleine Steine und Kies am Ufer von Seen und Meeren ab. Sie hafteten aneinander und bildeten Konglomerat-Gestein. Am Fuße von Klippen sammelten sich abgebrochene Felssplitter, die sich zu einem Gestein namens Brekzie verbanden.

▲ Wenn natürlicher Zement Gesteinssplitter verbindet, entsteht ein Gestein namens Brekzie.

34 Sandstein kann im Meer und in der Wüste entstehen. Wenn sich eine dicke Sandschicht aufbaut, werden die Körnchen zusammengedrückt. Dabei bildet sich eine Art Zement, der die Körnchen zu Sandstein verbindet. Sandstein aus dem Meer ist gelblich und scharfkantig. Sandstein aus der Wüste ist rötlich und hat eine glatte, runde Oberfläche.

▲ Sandstein entsteht aus Sandkörnern, die durch natürlichen Zement verbunden werden.

35 Wenn Schlamm stark zusammengedrückt wird, bildet auch er Gestein. Schlamm besteht aus winzigen Lehmteilchen und etwas größeren Sandteilchen. Vor Jahrtausenden bildeten sich auf dem Grund von Flüssen, Seen und Meeren dicke Schlammschichten. Durch ihr eigenes Gewicht stark zusammengedrückt, bildeten sie Sedimentgestein.

▶ Sedimentgestein hat eine glatte Oberfläche. Es kann grau, schwarz, braun oder gelblich sein.

36 Kalkstein entsteht aus Muscheln.

Viele Meerestiere haben eine harte Schale. Wenn ein Tier stirbt, bleibt die Schale auf dem Meeresgrund liegen. Mit der Zeit bilden die Schalen eine dicke Schicht, die zu Stein zusammengepresst wird. In diesem Stein findet man viele Fossilien.

▶ Kalkstein ist meist weiß, beige, grau oder gelblich. In Kalkstein bilden sich häufig Höhlen.

37 Kreide entsteht aus Muscheln und den Resten kleiner Meereslebewesen.

Ein Tropfen Meerwasser enthält viele winzige Lebewesen (Mikroorganismen). Manche von ihnen haben Schalen mit vielen Löchern. Wenn diese Lebewesen sterben, sinken die Schalen auf den Meeresgrund und bilden im Laufe der Zeit Kreide.

SO LAGERT SICH GESTEIN AB

Du brauchst:

Sand Lehm Kies
eine Plastikflasche

Gib je einen Esslöffel Sand, Lehm und Kies in eine Schüssel. Vermische alles mit zwei Tassen Wasser und schütte es in eine Plastikflasche. Jetzt kannst du beobachten, wie sich die Schichten ablagern: die feinsten Teilchen unten, die größten oben.

▲ Die meiste Kreide entstand zur Zeit der Dinosaurier, aber noch heute bildet sich in einigen Gebieten der Erde Kreide.

KAUM ZU GLAUBEN!

Flint, auch Feuerstein genannt, findet man in Kreide und Kalkstein. Vor Tausenden von Jahren machten die Menschen daraus Äxte, Messer und Pfeilspitzen.

Fossilien

38 **Die besten Fossilien entstanden aus Tieren und Pflanzen, die schnell begraben wurden.** Wenn ein Lebewesen stirbt, wird es meist von anderen gefressen, und nichts bleibt übrig. Wird es jedoch gleich nach dem Tod oder lebendig begraben, kann der Körper erhalten bleiben.

▶ Dies ist ein fossiler Schädel des Tyrannosaurus Rex. Der Dinosaurier lebte vor 70 bis 65 Millionen Jahren auf der Erde.

39 **Fossilien bestehen aus Mineralien.** Eine Möglichkeit ist, dass tote Tiere und Pflanzen vom Wasser aufgelöst werden und sich die Hohlräume, wo sie gelegen haben, mit Mineralien aus dem umliegenden Gestein füllen. Manchmal lagern sich die Mineralien auch in dem Körper selbst ab und machen ihn härter und schwerer.

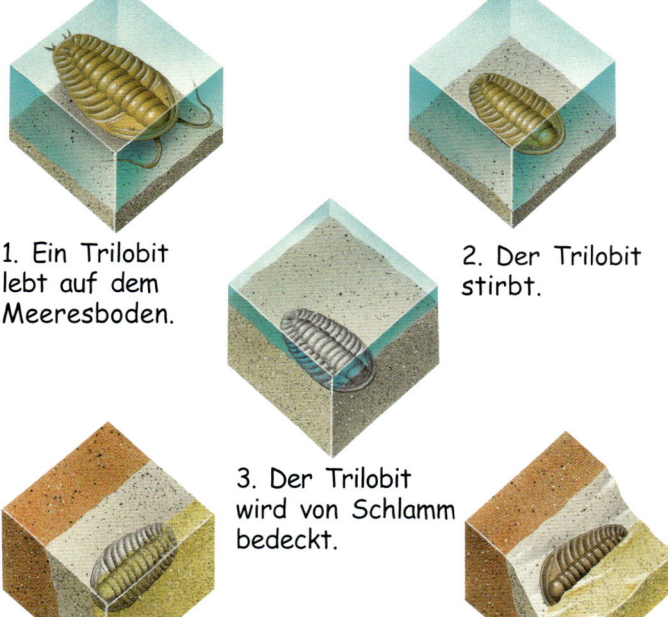

1. Ein Trilobit lebt auf dem Meeresboden.

2. Der Trilobit stirbt.

3. Der Trilobit wird von Schlamm bedeckt.

4. Der Schlamm verwandelt sich in Stein.

5. Im Stein entsteht ein Fossil.

▲ Trilobiten waren kleine Meeresbewohner. Man hat viele versteinerte Exemplare gefunden.

40 **Manche Fossilien sehen aus wie aufgerollte Schlangen, es sind aber Schnecken.** Man nennt sie Ammoniten. Der weiche Körper war von der spiralförmigen Schale geschützt. Er verrottete, und die Schale wurde zum Fossil. Ammoniten lebten im Meer, als die Dinosaurier das Land bewohnten.

▲ Der lebende Ammonit hatte Tentakeln (Fangarme), die er aus der Öffnung seiner spiralförmigen Schale streckte.

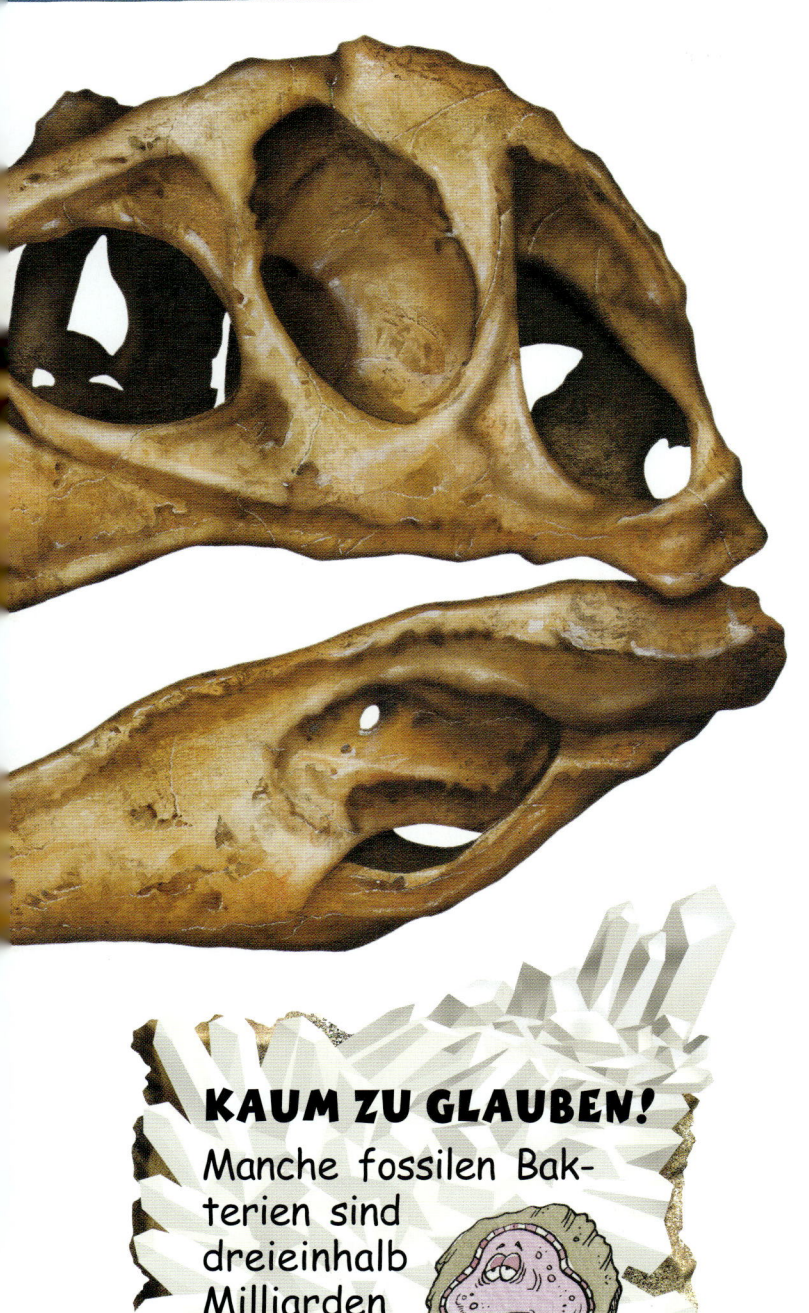

41

Von den Dinosauriern wurden nicht nur versteinerte Knochen gefunden. Von manchen blieb ein ganzes Skelett erhalten, von anderen nur einzelne Knochen. Auch versteinerte Zähne, Haut, Eier und Kot wurden entdeckt. Selbst die Spuren der Dinosaurier im Schlamm versteinerten. An ihnen können die Forscher erkennen, wie Dinosaurier sich fortbewegten und wie schnell sie laufen konnten.

42

Die Elektrizität in deiner Wohnung entsteht vielleicht durch das Verbrennen von Fossilien. Vor etwa 300 Millionen Jahren war das Land von Wäldern und Sümpfen bedeckt. Tote Pflanzen fielen in den Sumpf, wo sie nicht verrotteten. Mit der Zeit wurden ihre Reste zusammengedrückt und erhitzt. Dabei entstand Kohle, mit der man heute Generatoren zur Erzeugung von Elektrizität betreibt.

KAUM ZU GLAUBEN!

Manche fossilen Bakterien sind dreieinhalb Milliarden Jahre alt.

▶ Kohle entstand aus Bäumen und anderen Pflanzen, die in Wassernähe wuchsen. Wenn sie abstarben, verrotteten sie nicht richtig, weil sie im Wasser lagen. Es bildete sich Torf.

Tote Bäume werden begraben und zerdrückt, Torf entsteht.

Der Torf verhärtet sich, bis Kohle daraus wird.

Steine verändern sich

43 Steine, die sich in der Erdkruste bilden, können sich durch Hitze verändern. Der Stein wird erwärmt, wenn sich neues heißes Gestein durch die Erdkruste schiebt. Auch bei der Entstehung von Gebirgen wird das Gestein gepresst und erwärmt. In beiden Fällen verändern sich die Kristalle im Gestein und bilden neue Steinarten.

▶ Unter der Erde liegen Gesteinsschichten. Manche verändern sich durch Druck und Hitze.

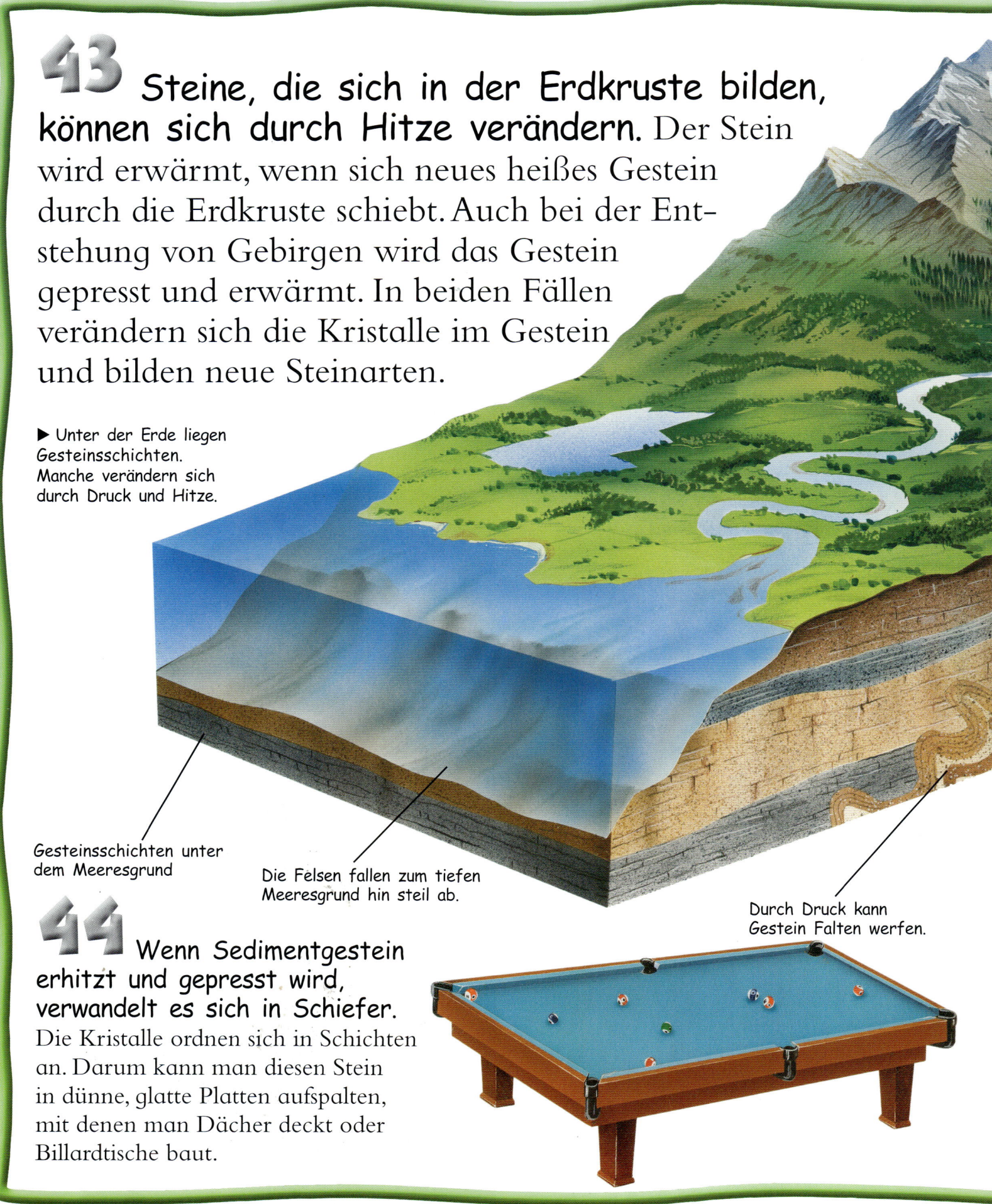

Gesteinsschichten unter dem Meeresgrund

Die Felsen fallen zum tiefen Meeresgrund hin steil ab.

Durch Druck kann Gestein Falten werfen.

44 Wenn Sedimentgestein erhitzt und gepresst wird, verwandelt es sich in Schiefer. Die Kristalle ordnen sich in Schichten an. Darum kann man diesen Stein in dünne, glatte Platten aufspalten, mit denen man Dächer deckt oder Billardtische baut.

46 Durch Druck und Hitze entstehen Streifen im Gestein.

Der Stein wird so heiß, dass er beinahe schmilzt. Dabei bilden die Mineralien Schichten, die wir als farbige Streifen sehen. Wellige Streifen zeigen, wie das Gestein sich gefaltet hat. Dieses Gestein nennt man Gneis.

Heißes Gestein dringt durch den Schlot eines Vulkans an die Erdoberfläche.

In größerer Entfernung von der Hitzequelle verändern sich die Schichten nicht.

Heißes Gestein in der Erdkruste verändert das Gestein ringsherum.

▲ Die Streifen im Gneis entstehen aus Schichten verschiedener Mineralien.

45 Wenn Kalkstein in der Erdkruste erhitzt wird, verwandelt er sich in Marmor.

Durch die Hitze lösen sich die Muschelschalen im Kalkstein auf und bilden ein Gestein, das wie gezuckert aussieht. Aus Marmor stellt man Statuen und Dekorationen her. Seine Oberfläche wird glänzend poliert.

QUIZ

1. Wenn Sandstein rote, rundliche Körner enthält, wo ist er entstanden?
2. Welches Gestein entsteht aus Muscheln und kleinen Meereslebewesen?
3. Nenne sechs Dinosaurier-Fossilien.
4. Welches Gestein verwandelt sich in Schiefer?

4. Sedimentgestein
3. Knochen, Zähne, Haut, Eier, Kot, Spuren
2. Kalkstein und Kreide
1. In der Wüste

Gewaltige Berge

47 Die höchsten Berge der Erde sind noch jung.
Der höchste Berg ist der Mount Everest, der vor
15 Millionen Jahren entstand. Junge Berge haben gezackte
Gipfel, weil das weiche Gestein von Wind und Regen
ausgewaschen wird. Die schroffen Gipfel bestehen
aus hartem Gestein, das dem Wetter länger standhält.
Doch mit der Zeit wird auch dies geglättet.
Darum sind ältere Berge niedriger und runder.

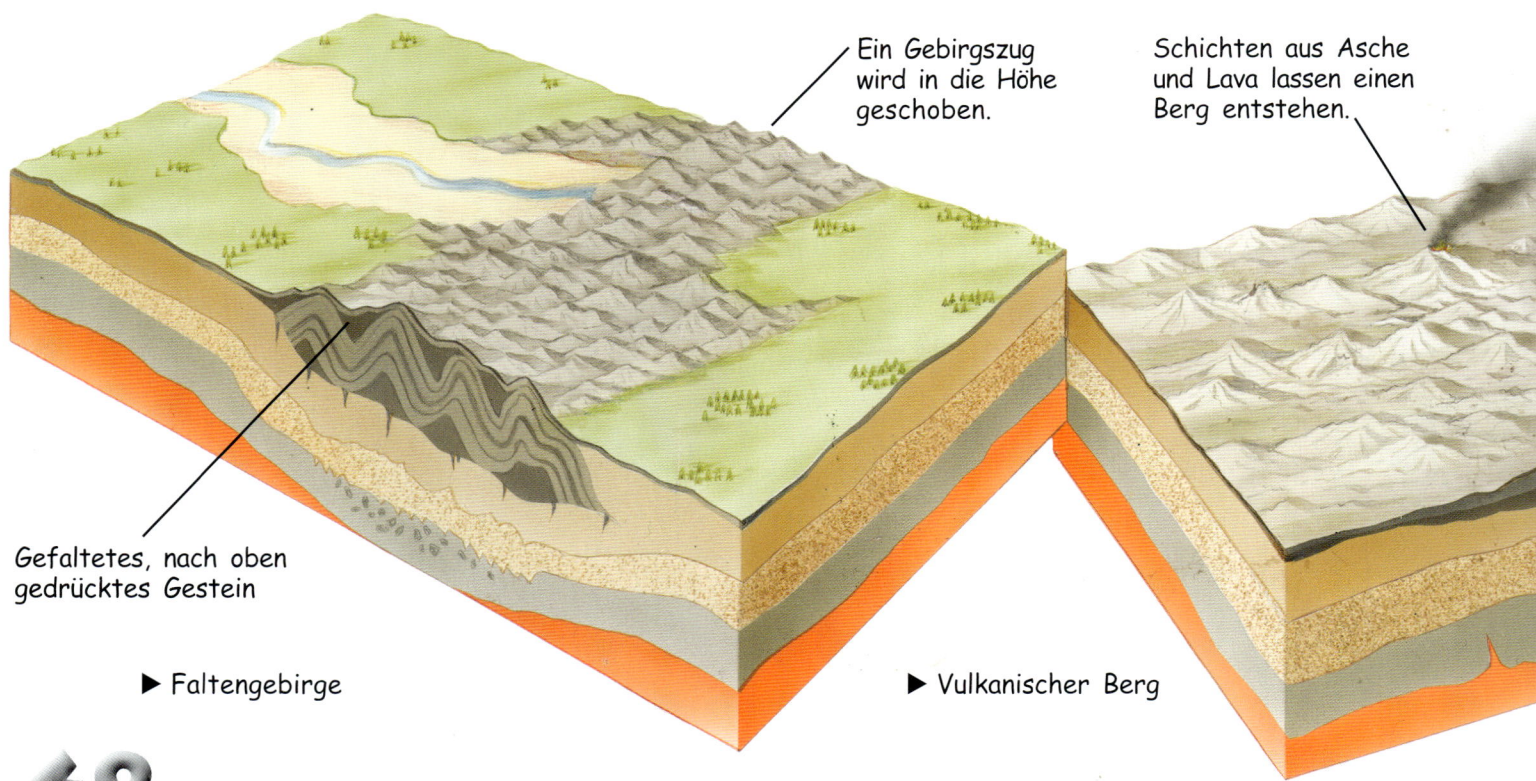

Ein Gebirgszug
wird in die Höhe
geschoben.

Schichten aus Asche
und Lava lassen einen
Berg entstehen.

Gefaltetes, nach oben
gedrücktes Gestein

▶ Faltengebirge

▶ Vulkanischer Berg

48 Wenn die Platten der
Erdkruste zusammengedrückt
werden, entstehen Berge. Wenn zwei
Kontinentalplatten sich zusammen-
schieben, wird die Erdkruste an ihren
Rändern in Wellen und Falten nach
oben gedrückt. Auf diese Weise ist das
Himalaja-Gebirge in Asien entstanden.

49 Einige der höchsten Berge
der Erde sind Vulkane. Sie entstehen,
wenn geschmolzenes Gestein (Lava) durch
die Erdkruste dringt. Die Lava kühlt ab
und bildet eine Gesteinsschicht. Mit jedem
Ausbruch kommt eine neue Schicht hinzu.

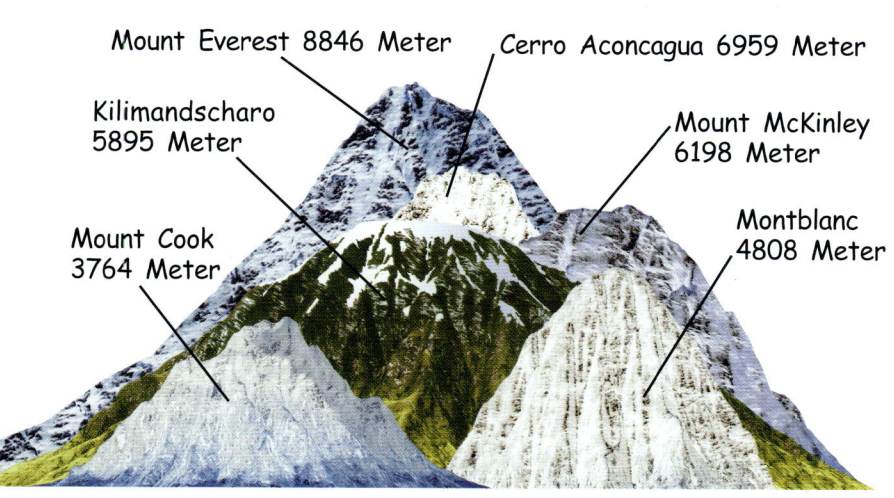

Mount Everest 8846 Meter

Cerro Aconcagua 6959 Meter

Kilimandscharo 5895 Meter

Mount McKinley 6198 Meter

Mount Cook 3764 Meter

Montblanc 4808 Meter

▲ Berge sind die höchsten Teile der Erde. Der Mount Cook ist der kleinste Berg der Abbildung, doch auch er ist sechsmal höher als das höchste von Menschen errichtete Gebäude.

FALTENGEBIRGE AUF DEM TISCH

Breite ein Handtuch auf dem Tisch aus. Lege auf jedes Ende eine Hand, dann schiebe die Hände langsam zusammen. Du kannst sehen, wie sich kleine Berge bilden.

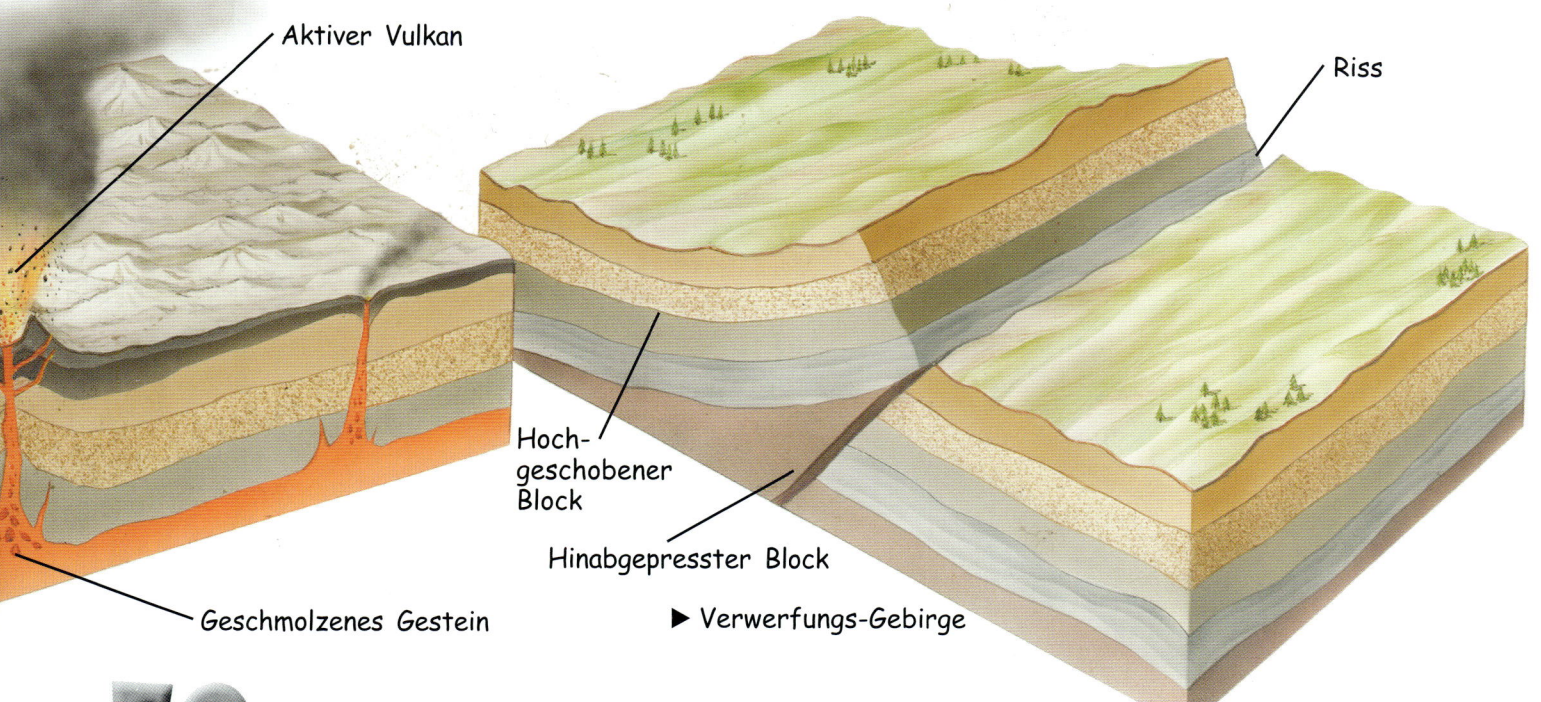

Aktiver Vulkan

Riss

Hoch-geschobener Block

Hinabgepresster Block

Geschmolzenes Gestein

▶ Verwerfungs-Gebirge

50 Durch die Bewegung der Erdkruste schieben sich manchmal Felsschichten übereinander. Wenn die Platten der Erdkruste gegeneinander drücken, entsteht Wärme, die das Gestein weich macht, so dass sich Falten bilden. In größerer Entfernung ist es kühler, der Stein reißt unter dem Druck. Diese Risse nennt man Verwerfungen. Am Rand einer Verwerfung können sich Gesteinsschichten übereinander schieben. Auch so entstehen Berge.

▲ Berge entstehen immerzu. Es dauert Millionen von Jahren, bis sich ein neuer Berg bildet. Eine Gruppe von Bergen nennt man Gebirgszug. Die größten Gebirgszüge sind die Alpen in Europa, die Anden in Südamerika, die Rocky Mountains in Nordamerika und das höchste Gebirge, der Himalaja in Asien.

Die Erde bebt

51 Ein Erdbeben entsteht durch heftige Bewegungen in der Erdkruste, meist dort, wo zwei Platten in der Kruste sich aneinander reiben. Das Zentrum eines Erdbebens liegt tief unter der Erdoberfläche. Es sendet in alle Richtungen Schockwellen aus. Wo die Schockwellen die Erdoberfläche erreichen, liegt das Epizentrum. Dort sind die Schäden am stärksten.

52 Erdbeben können unterschiedlich stark sein. Jedes Jahr gibt es eine halbe Million Erdbeben, doch die meisten spüren wir nicht. Etwa 25 Erdbeben pro Jahr richten Schäden an. Die Richterskala gibt die Stärke eines Erdbebens an. Je höher die Zahl, desto stärker das Beben.

▼ Erdbeben können Gebäude einstürzen lassen und Straßen aufreißen. Wenn Gasrohre brechen, kann sich das ausströmende Gas entzünden. Es besteht hohe Feuergefahr.

Schockwellen vom Erdbeben-zentrum

Stärke 3: Lampen schaukeln

Stärke 7: Brücken stürzen ein

Stärke 5: Fenster-scheiben zerbrechen

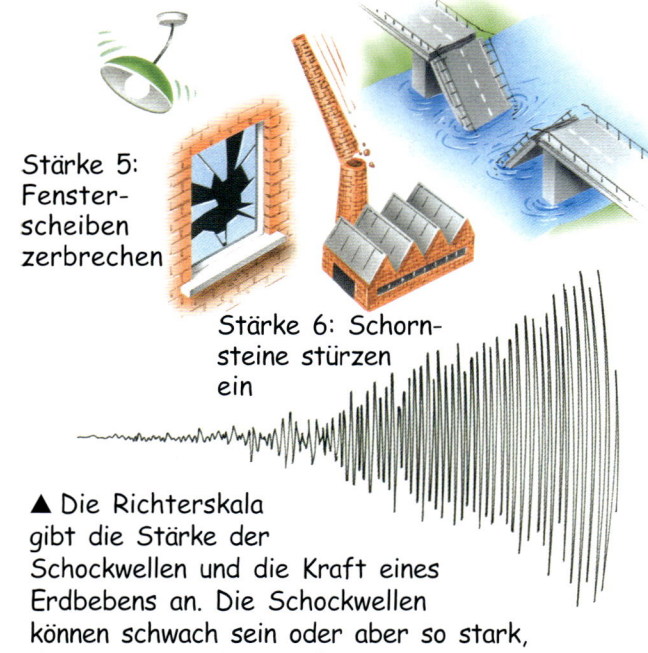

Stärke 6: Schorn-steine stürzen ein

▲ Die Richterskala gibt die Stärke der Schockwellen und die Kraft eines Erdbebens an. Die Schockwellen können schwach sein oder aber so stark, dass sie Gebäude zum Einsturz bringen.

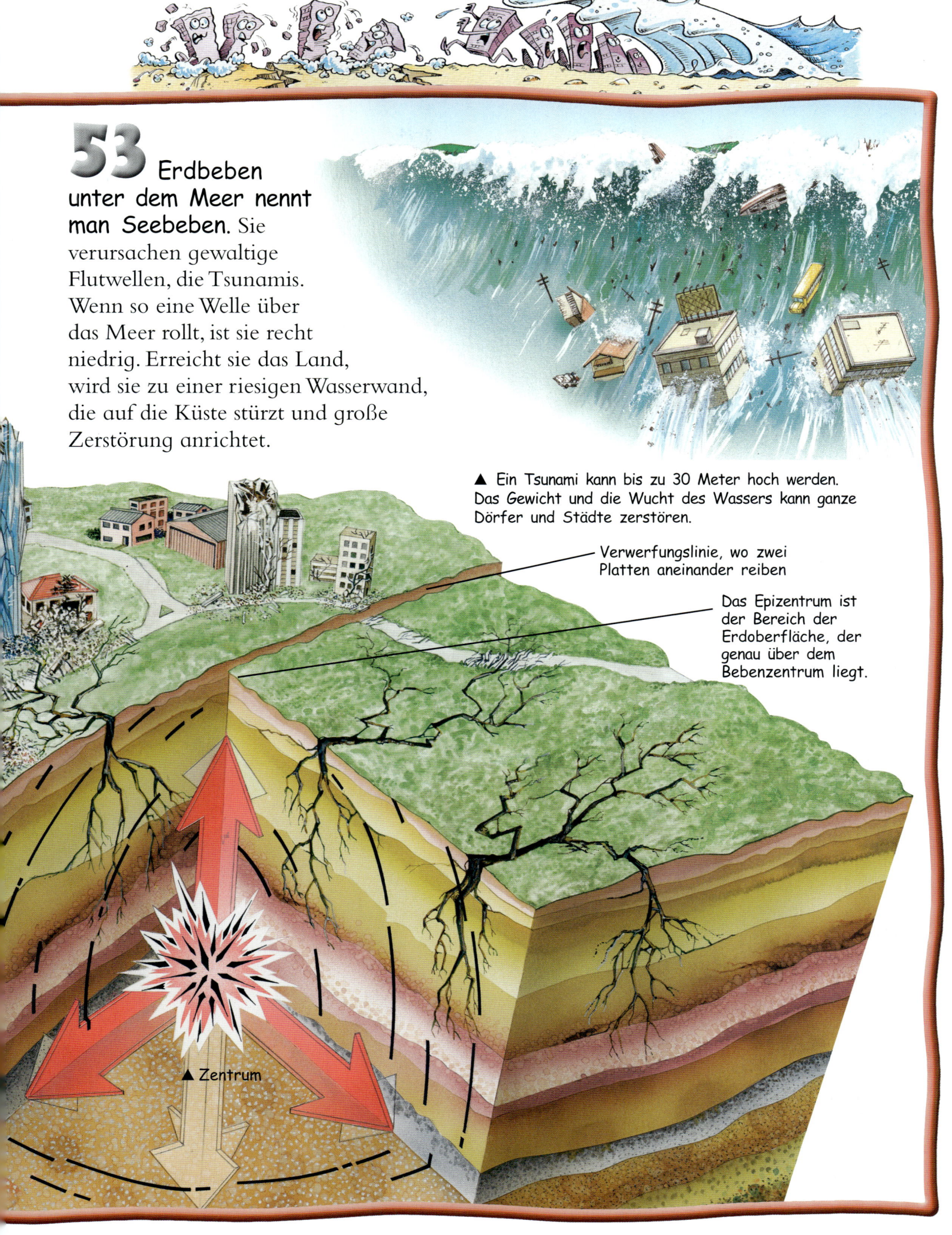

53 Erdbeben unter dem Meer nennt man Seebeben. Sie verursachen gewaltige Flutwellen, die Tsunamis. Wenn so eine Welle über das Meer rollt, ist sie recht niedrig. Erreicht sie das Land, wird sie zu einer riesigen Wasserwand, die auf die Küste stürzt und große Zerstörung anrichtet.

▲ Ein Tsunami kann bis zu 30 Meter hoch werden. Das Gewicht und die Wucht des Wassers kann ganze Dörfer und Städte zerstören.

Verwerfungslinie, wo zwei Platten aneinander reiben

Das Epizentrum ist der Bereich der Erdoberfläche, der genau über dem Bebenzentrum liegt.

▲ Zentrum

Geräumige Höhlen

54 Manche Höhlen bestehen aus Lavatunneln.
Wenn Lava einen Vulkanhang hinabfließt, kühlt ihre Oberfläche schnell ab. Die äußere Lavaschicht wird hart, darunter bleibt die Lava heiß und flüssig. Nachdem die heiße Lava einen Weg gefunden hat um abzufließen, bleiben Höhlen zurück.

▲ Lavatunnel sind oft so groß, dass ein Mensch aufrecht darin gehen kann.

Fluss verschwindet im Schluckloch

Wasserfall in der Höhle

1. Wasser sickert durch Risse im Gestein.

▶ Wasser fließt durch die Höhlen im Kalkstein und bildet Seen und Flüsse. Bei starkem Regen können die Höhlen überflutet werden.

▼ Wasser fließt durch die Risse im Kalkstein und vergrößert sie, bis Höhlen entstehen. Waagerechte Höhlen nennt man auch Galerien, senkrechte Höhlen heißen Schächte.

55 Wenn Regen auf Kalkstein fällt, entstehen oft Höhlen.

Das Regenwasser verbindet sich mit Kohlendioxid aus der Luft und bildet eine Säure, die den Kalkstein langsam auflöst. So können unter der Erde Höhlen mit Flüssen und Seen entstehen.

2. Im Gestein bildet sich ein unterirdischer Fluss.

3. Ein großes Höhlensystem entwickelt sich.

Ausgetrocknete Höhle

Höhlenausgang

KAUM ZU GLAUBEN!

Der längste Stalaktit ist 59 Meter lang, der größte Stalagmit ist 32 Meter hoch.

56 Herabtropfendes Wasser in Kalksteinhöhlen bildet Tropfsteine.

Wenn das Wasser vom Höhlendach tropft, lagern sich kleine Mengen von Mineralien ab, es bildet sich ein kleiner Stalaktit, der wie ein Eiszapfen herabhängt. Wo das Wasser auf den Boden trifft, entsteht ein Stalagmit, der nach oben ragt. Nach sehr langer Zeit können die beiden Spitzen zusammentreffen, so dass eine Steinsäule entsteht.

Schätze der Erde

57 Gold kann kleine Körnchen, große Klumpen oder Adern im Gestein bilden. Wenn der Stein abgetragen wird, findet man die Körnchen in Flussbetten. Silber bildet verzweigte Adern im Gestein. Es glänzt nicht, weil es von einer schwarzen Schicht überzogen ist.

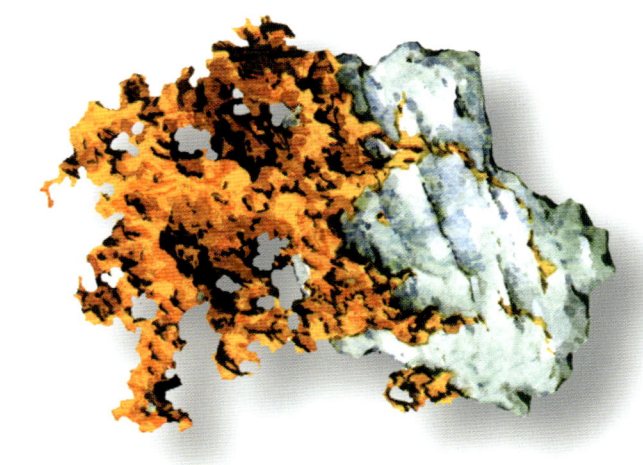

▲ Goldklumpen kann man schmelzen und formen, um daraus Schmuck herzustellen.

◀ Silber wird für Schmuck und Dekorationen verarbeitet.

58 Die meisten Metalle lagern in Form von Erzen im Gestein. Ein Erz ist eine Mischung verschiedener Stoffe, von denen einer das Metall ist. Jedes Metall hat sein eigenes Erz. Aluminium findet man in einem gelblichen Erz, das man Bauxit nennt. Durch Hitze gewinnt man aus den Erzen das Metall. Metalle brauchen wir für verschiedenste Dinge, von der Armbanduhr bis zum Jumbo-Jet.

▲ Das ist Bauxit oder Aluminiumerz. Um aus dem Erz Metall zu gewinnen, setzt man Hitze, Chemikalien und Elektrizität ein. Aluminium braucht man für viele Dinge – von der Küchenfolie bis zum Flugzeug.

59 In Lavablasen bilden sich schöne Kristalle. Lava enthält Gase, die Blasen bilden. Wenn die Lava abkühlt und fest wird, bilden diese Blasen runde Höhlungen im Gestein, die man Geoden nennt. Wenn Flüssigkeit eindringt, wachsen große Kristalle. Auf diese Weise entsteht der Edelstein Amethyst.

▶ Im Hohlraum von Geoden können sich große, wunderschöne Kristalle wie dieser Amethyst bilden.

◀ Beryll

◀ Smaragd

▼ Diamant

▲ Topas

▲ Granat

▲ Es gibt mehr als 100 verschiedene Edelsteine. Manche ordnet man den Monaten des Jahres zu. Der Stein für den Monat September ist der Saphir.

60 Edelsteine sind farbige Steine, die geschliffen und poliert werden, bis sie glänzen und funkeln. Seit Jahrtausenden machen die Menschen Schmuck aus solchen Steinen. Topas, Smaragd und Granat sind in heißem Gestein entstanden, das in der Erdkruste erstarrt ist. Meist findet man nur kleine Kristalle. Der Beryll aber bildet sehr große Kristalle. Der bisher längste maß 18 Meter. Der Diamant ist ein Edelstein und die härteste natürliche Substanz, die es gibt.

KRISTALLE AUS SALZWASSER

Du brauchst:

Speisesalz
eine Lupe
eine dunkle Schüssel

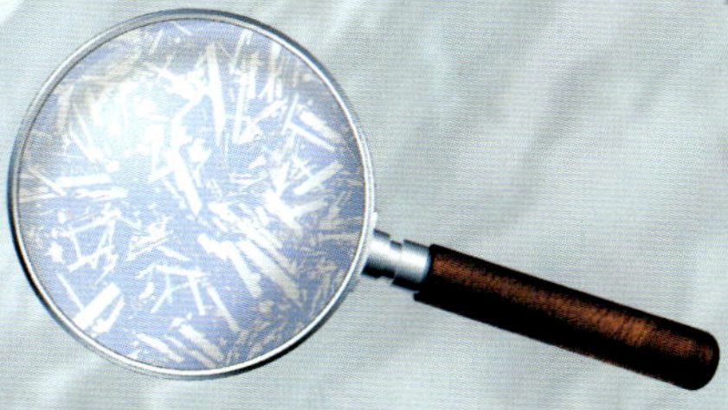

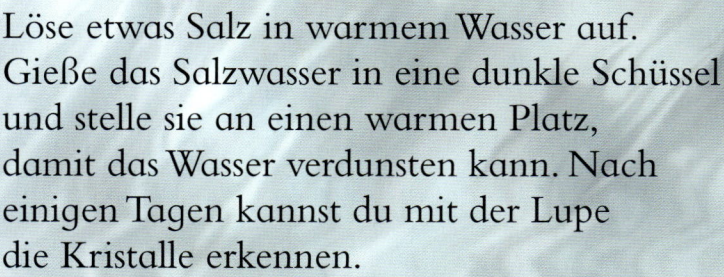

Löse etwas Salz in warmem Wasser auf. Gieße das Salzwasser in eine dunkle Schüssel und stelle sie an einen warmen Platz, damit das Wasser verdunsten kann. Nach einigen Tagen kannst du mit der Lupe die Kristalle erkennen.

Wetter und Unwetter

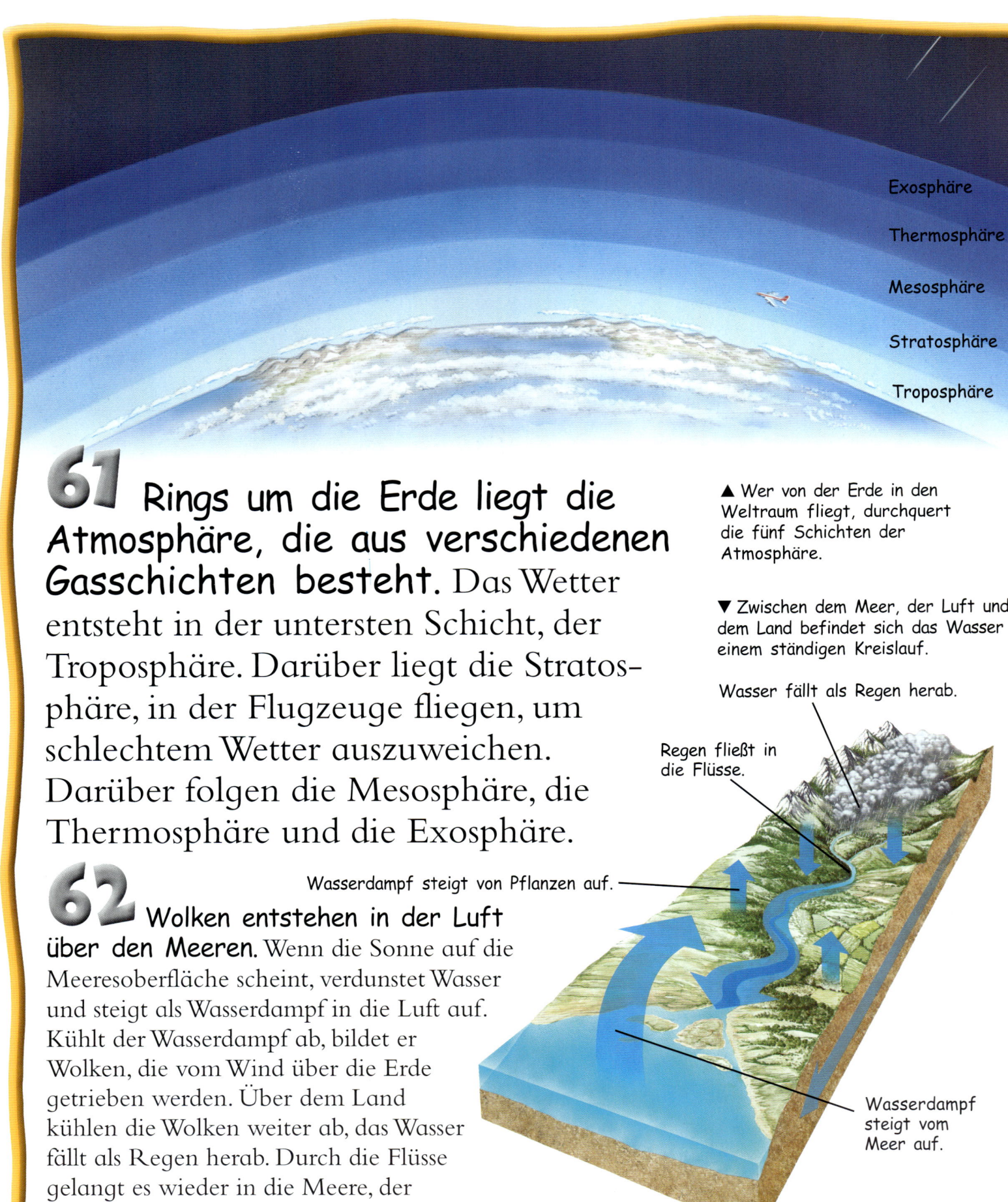

Exosphäre

Thermosphäre

Mesosphäre

Stratosphäre

Troposphäre

61 Rings um die Erde liegt die Atmosphäre, die aus verschiedenen Gasschichten besteht. Das Wetter entsteht in der untersten Schicht, der Troposphäre. Darüber liegt die Stratosphäre, in der Flugzeuge fliegen, um schlechtem Wetter auszuweichen. Darüber folgen die Mesosphäre, die Thermosphäre und die Exosphäre.

▲ Wer von der Erde in den Weltraum fliegt, durchquert die fünf Schichten der Atmosphäre.

▼ Zwischen dem Meer, der Luft und dem Land befindet sich das Wasser in einem ständigen Kreislauf.

Wasser fällt als Regen herab.

Regen fließt in die Flüsse.

62 Wolken entstehen in der Luft über den Meeren. Wenn die Sonne auf die Meeresoberfläche scheint, verdunstet Wasser und steigt als Wasserdampf in die Luft auf. Kühlt der Wasserdampf ab, bildet er Wolken, die vom Wind über die Erde getrieben werden. Über dem Land kühlen die Wolken weiter ab, das Wasser fällt als Regen herab. Durch die Flüsse gelangt es wieder in die Meere, der Kreislauf beginnt von vorn.

Wasserdampf steigt von Pflanzen auf.

Wasserdampf steigt vom Meer auf.

► Ein Hurrikan bildet sich über warmem Meerwasser. Er kann aber von dort auch über das Land ziehen.

63 Hurrikane sind schwere Stürme, die über warmen Gebieten der Ozeane entstehen. Das Meerwasser verdunstet und bildet eine große Wolke. Wenn kalte Luft unter die Wolke strömt, dreht sie sich wie ein riesiges Rad. In der Mitte des Hurrikans (Auge) ist es windstill, aber ringsum kann der Wind mit 300 Kilometern pro Stunde wehen. Erreicht ein Hurrikan das Land, kann er schwere Schäden anrichten.

65 Schneeflocken bilden sich im obersten Teil einer Wolke. Dort ist es so kalt, dass die Wassertröpfchen zu Eiskristallen gefrieren. Die Kristalle werden größer und fallen durch die Wolke hinab. Schwebt die Wolke in warmer Luft, schmelzen die Kristalle wieder und fallen als Regen herab. Schwebt die Wolke in kühler Luft, fällt Schnee auf die Erde.

▼ Die Eiskristalle der Schneeflocken haben meist sechs Arme.

64 Tornados sind die schnellsten Winde der Erde. Sie können mit 500 Kilometern pro Stunde wirbeln. Sie bilden sich, wenn die Erde sich sehr stark erwärmt. Die Luft steigt schnell auf und es entsteht ein wirbelnder Trichter, der wie ein Staubsauger wirkt. Er kann Gebäude zerstören und Autos in die Luft heben.

KAUM ZU GLAUBEN!
Jeden Tag gibt es auf der Erde 45 000 Gewitter.

Land aus Sand und Gras

66 Die trockensten Gebiete der Erde sind die Wüsten. In vielen Wüsten gibt es eine kurze Regenzeit, in manchen regnet es aber jahrelang nicht. Die Karte zeigt die größten Wüsten der Erde.

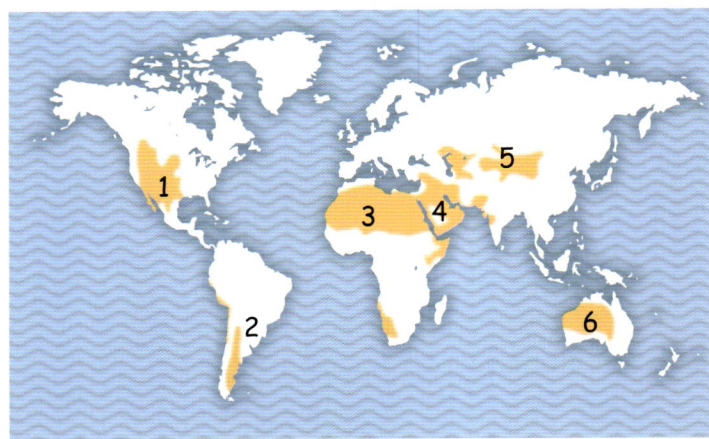

▲ 1. Nordamerikanische Wüsten - Great Basin und Mojave
2. Atacama 3. Sahara 4. Arabische Wüste 5. Gobi
6. Australische Wüsten – Great Sandy, Gibson,
Great Victoria, Simpson

67 In der Wüste ist es nicht immer heiß. Am Tag kann es bis 50 °C warm werden, in der Nacht fallen die Temperaturen aber stark ab. In den Wüsten am Äquator ist es das ganze Jahr lang tagsüber heiß. Wüsten, die weiter vom Äquator entfernt liegen, haben sehr kalte Winter.

Vom Wind geformte Wellen

Barchan-Düne

Felsschicht unter der Wüste

KAUM ZU GLAUBEN!

Kamele haben große Füße, damit sie nicht im weichen Sand einsinken.

68 Sanddünen entstehen, wenn der Wind über eine Wüste weht. Liegt nur wenig Sand auf dem Wüstenboden, bilden sich halbmondförmige Barchan-Dünen. Ist sehr viel Sand vorhanden, entstehen lange, hohe Dünenketten (Transversal-Dünen). Kommt der Wind aus zwei Richtungen, entstehen lange, wellige Dünen, Seif genannt.

69 **Eine Oase ist eine Wasserstelle in der Wüste.** Sie entsteht aus Regenwasser, das durch den Sand sickert und sich im Gestein sammelt. An einer Stelle, wo die Sandschicht sehr dünn ist, bildet sich ein Wasserloch, an dem Pflanzen wachsen können. Tiere kommen zum Trinken hierher.

Oase

▼ Pflanzen und Tiere leben an den Oasen mitten in der Wüste.

70 **Ein Wüstenkaktus speichert Wasser in seinem Stamm.** Die Pflanze saugt sich mit Wasser voll, um Trockenzeiten zu überdauern. Die Stacheln sorgen dafür, dass der Kaktus nicht von durstigen Tieren gefressen wird.

71 **Steppen gibt es in Gegenden, wo es für eine Wüste zu viel und für einen Wald zu wenig regnet.** In den tropischen Steppen am Äquator ist es ganzjährig heiß. Die Steppen weiter nördlich und südlich haben warme Sommer und kalte Winter.

72 **In den Steppen leben viele Tiere.** In Afrika fressen die Zebras die Spitzen der Grashalme, die Gnus die mittleren Blätter und die Gazellen die kurzen, jungen Triebe. So können alle drei gemeinsam fressen. Löwen und andere Raubtiere jagen die Pflanzenfresser.

▼ Drei verschiedene Tierarten leben zusammen und fressen verschiedene Pflanzenteile. Die Zebras (1) fressen die Spitzen der hohen Gräser, Gnus (2) die mittleren und Gazellen (3) die kürzesten Halme.

Riesige Wälder

73 Es gibt drei Arten von Wäldern: den Nadelwald, den Laubwald und den tropischen Regenwald. Die Karte zeigt die wichtigsten Waldgebiete.

▲ 1. Nadelwald   2. Laubwald   3. Tropischer Regenwald

74 Nadelbäume bilden auf dem nördlichen Teil der Erde große Wälder. Sie haben lange, grüne, nadelfeine Blätter, die auch im Winter nicht abfallen. Sie sind mit einer Wachsschicht bedeckt, damit der Schnee schnell abrutscht und lebenswichtiges Sonnenlicht an die Nadeln gelangt. In den Zapfen der Nadelbäume sitzen die Samen, die Eichhörnchen gern fressen.

76 Im tropischen Regenwald wachsen viele verschiedene Bäume auf engem Raum. Sie sind immergrün und haben große Blätter. Ihre Zweige berühren sich und bilden ein hohes Dach. Im tropischen Regenwald regnet es fast jeden Tag. Das Blätterdach ist so dick, dass es zehn Minuten dauern kann, bis ein Regentropfen den Boden erreicht. Drei Viertel aller bekannten Tier- und Pflanzenarten leben im Regenwald. Dazu gehören riesige, behaarte Spinnen, leuchtend bunte Frösche und gefleckte Raubkatzen.

75 Die meisten Bäume in den Laubwäldern haben flache, breite Blätter und brauchen viel Wasser. Im Winter bekommen sie aus dem gefrorenen Boden nicht genug Feuchtigkeit, darum werfen sie ihre Blätter ab und bekommen im Frühling neue. Rehe, Kaninchen, Füchse und Mäuse leben auf dem Waldboden, Eichhörnchen, Spechte und Eulen in den Bäumen.

QUIZ
1. Was bildet sich im oberen Teil von Wolken?
2. Welche Form hat eine Barchan-Düne?
3. In welchem Wald findet man bunte Frösche?

3. Im tropischen Regenwald
2. Halbmondform
1. Schneeflocken

Flüsse und Seen

77 **Jeder Fluss beginnt an einer Quelle.** Dort tritt das Wasser aus der Erde: Regenwasser, das im Boden versickert ist, sammelt sich in tieferen Schichten und kommt an einem Berghang wieder heraus. Das Wasser mehrerer Quellen fließt zu einem Fluss zusammen.

78 **Wasser schleift Gestein ab, bis ein Wasserfall entsteht.** Fließt das Wasser von einer harten Gesteinsschicht auf eine weichere, wird der weiche Stein weggespült. Kiesel und Sand im Wasser schleifen ihn ab, bis eine Felswand zurückbleibt. Unten am Wasserfall bildet sich ein großes Becken.

▼ Wasserfälle können ganz niedrig sein, aber auch erstaunlich hoch. Die Angel-Fälle in Venezuela sind die höchsten Wasserfälle der Welt: An einer Stelle sind sie 807 Meter hoch.

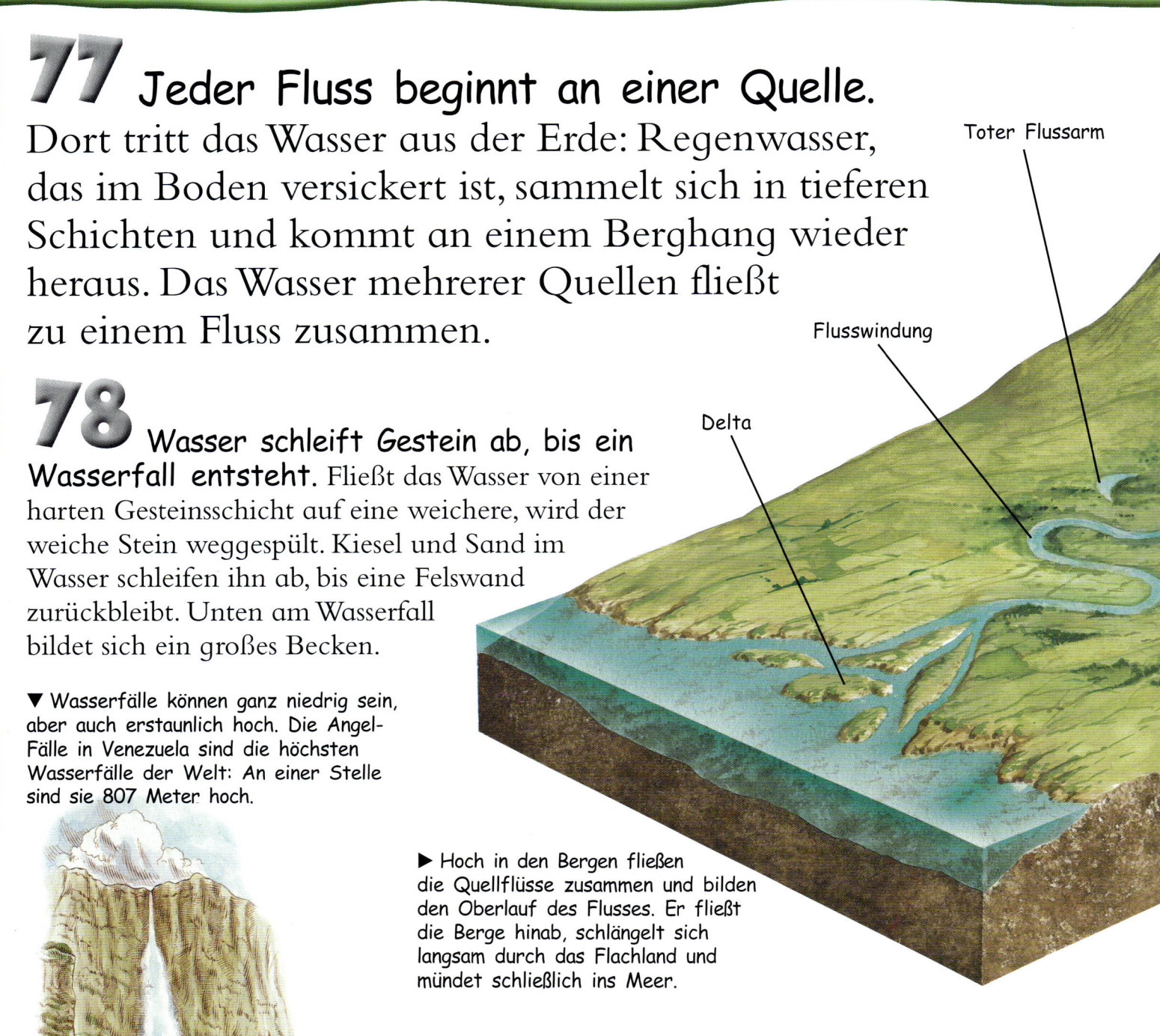

Toter Flussarm

Flusswindung

Delta

▶ Hoch in den Bergen fließen die Quellflüsse zusammen und bilden den Oberlauf des Flusses. Er fließt die Berge hinab, schlängelt sich langsam durch das Flachland und mündet schließlich ins Meer.

79 **Ein Fluss verändert sich auf seinem Weg zum Meer.** Flüsse beginnen in den Bergen. Dort sind sie schmal und fließen schnell bergab. Fließt das Wasser durch flaches Land, wird es langsamer und bekommt ein breiteres Bett. Der Fluss bildet Schlingen und Flussarme. Die Mündung ist der Eintritt des Flusses ins Meer. Sie kann die Form eines breiten Trichters haben oder ein Delta aus vielen Mündungsarmen und kleinen Inseln bilden.

Quellfluss

80

Seen bilden sich in Vertiefungen im Boden. Solche Senken entstehen, wenn Gletscher schmelzen, wenn sich die Platten der Erdkruste verschieben oder ein Erdrutsch einen Fluss blockiert.

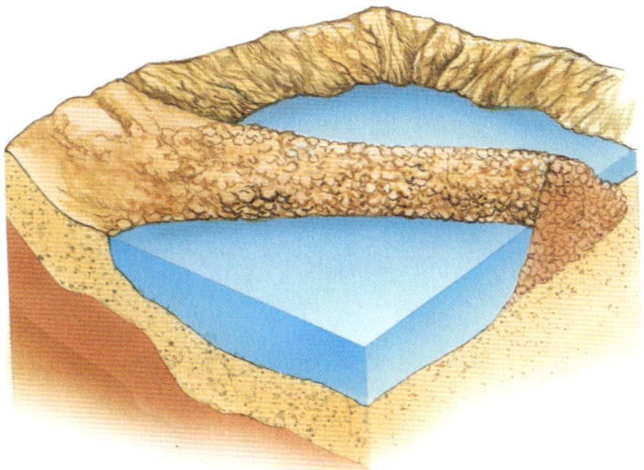

▲ Durch einen Erdrutsch ist ein Fluss gestaut. Das Wasser kann nicht abfließen, ein See bildet sich.

▼ Manchmal entsteht im Kratersee eines Vulkans ein neuer, kleiner Vulkan.

81

Auch in Vulkankratern können sich Seen bilden. Einige Seen haben sich in Kratern gebildet, die vor langer Zeit durch Meteoriteneinschläge entstanden sind.

▼ Die meisten Seen sind blau, einige sind aber auch grün, rosa, rot oder sogar weiß. Die Laguna Colorado in Chile ist rot, weil das Wasser viele winzige, rote Lebewesen enthält.

82

Das Wasser in manchen Seen hat leuchtende Farben. Das liegt an winzigen Lebewesen, den Algen oder an Mineralien, die im Wasser gelöst sind.

Welt aus Wasser

83 Auf unserem Planeten gibt es so viel Wasser, dass er eigentlich „Meer" heißen müsste und nicht Erde. Nur etwa ein Drittel des Planeten besteht aus Land. Den Rest bedecken große Wasserflächen, die Ozeane. Ein Meer oder eine See ist ein kleinerer Teil eines Ozeans. Die Nordsee ist ein Teil des Atlantischen Ozeans, das Südchinesische Meer ist ein Teil des Pazifischen Ozeans.

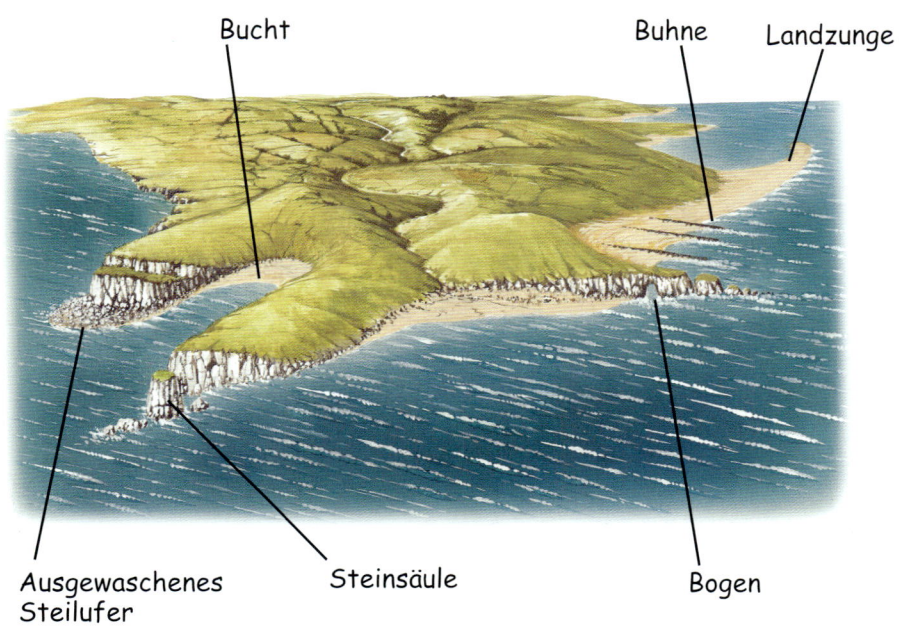

Bucht · Buhne · Landzunge

Ausgewaschenes Steilufer · Steinsäule · Bogen

84 Die Küste ist die Grenze zwischen dem Meer und dem Land. Diese Grenze verändert sich ständig. An vielen Stellen tragen die Wellen die Küste ab. In den Felsen entstehen Höhlen und Bögen. Brechen diese ein, bleiben steinerne Säulen im Wasser stehen.

◄ Die Felsen der Küsten werden durch die Kraft der Wellen ausgewaschen.

Kontinentalschelf · Kontinentalstufe

85 Die Ozeane sind so tief, dass sich darin Gebirge verbergen. An der Küste ist das Wasser recht flach. Weit draußen auf dem Ozean kann es bis 8 Kilometer tief sein. Der Meeresboden ist eine große Fläche, auf der sich Gebirge erheben. Sie zeigen, wo sich die Platten der Erdkruste treffen. Vor den Küsten findet man tiefe Gräben, wo zwei Platten auseinander gerückt sind. Auch erloschene Vulkane gibt es auf dem Grund.

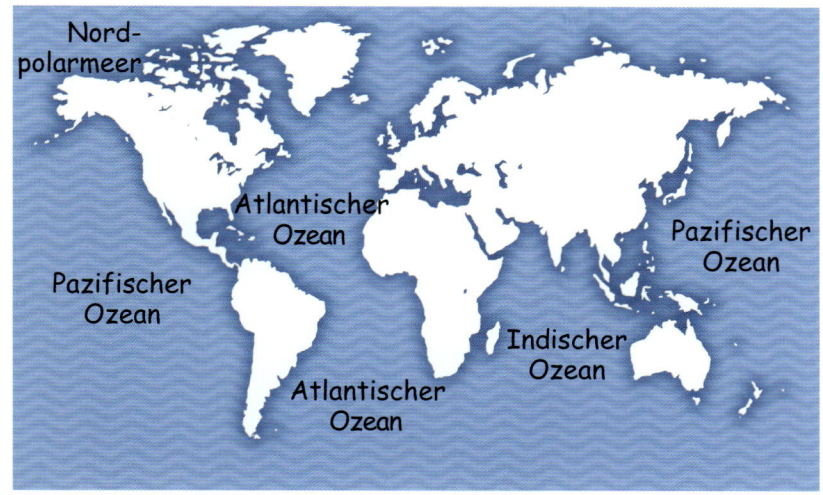

Nord-
polarmeer

Atlantischer
Ozean

Pazifischer
Ozean

Pazifischer
Ozean

Indischer
Ozean

Atlantischer
Ozean

▲ Diese Karte zeigt die wichtigsten Ozeane der Erde.

87 Auf den Ozeanen treiben Tausende von Eisbergen.

Sie entstehen aus Gletschern oder dem Packeis an Nord- und Südpol. Nur etwa ein Zehntel eines Eisbergs ragt aus dem Wasser. Kommt ein Schiff zu nahe heran, kann es schwer beschädigt werden und sinken.

▲ Korallen wachsen in tropischen und subtropischen Gewässern. Weil sie Sonnenlicht zum Leben brauchen, findet man sie nur in flachem Wasser.

86 Winzige Lebewesen können Inseln im Meer entstehen lassen.

Korallen haben weiche Körper. Viele Millionen Korallen leben zusammen. Aus den Mineralien im Meerwasser bilden sie einen Panzer, der sie vor hungrigen Fischen schützt. Koralleninseln findet man rings um erloschene Vulkane im Pazifik und im Indischen Ozean.

▲ Der größte Teil eines Eisbergs liegt unter Wasser. Nur ein kleines Stück ist an der Oberfläche sichtbar.

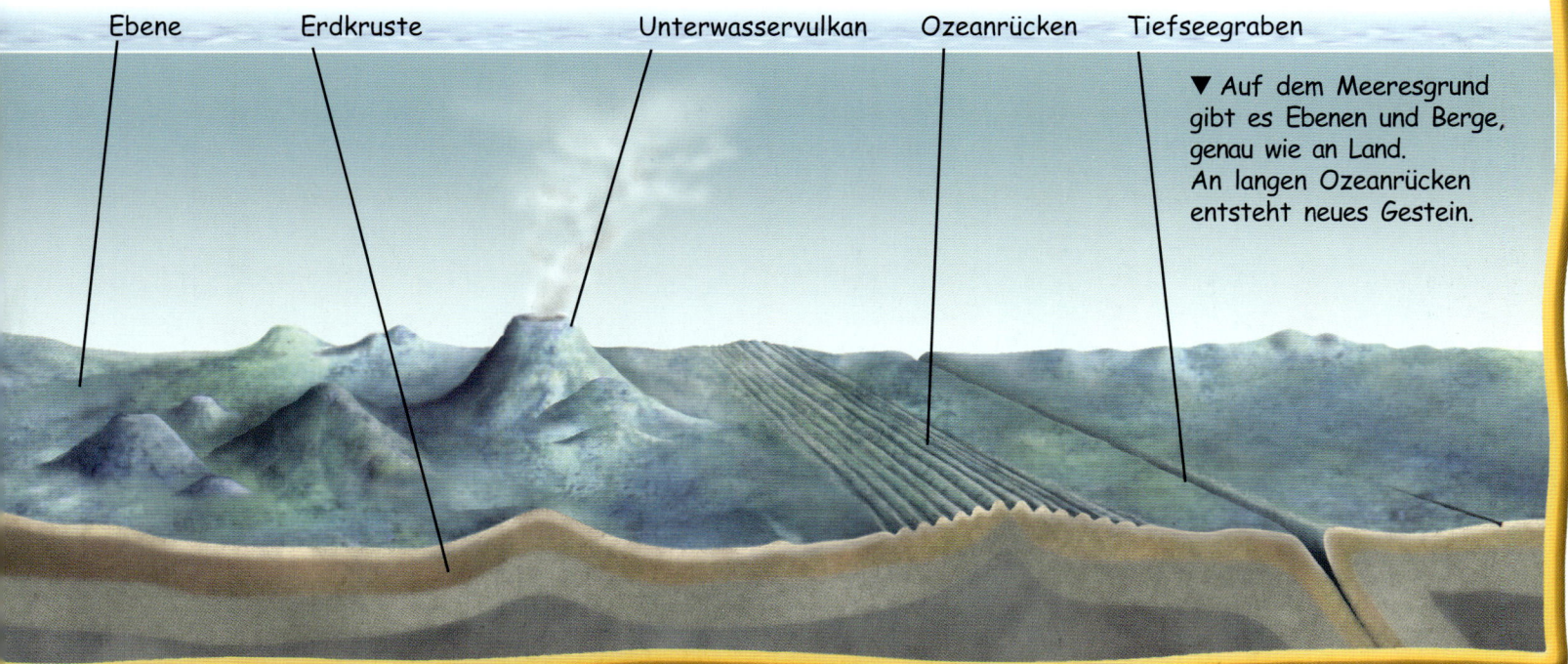

Ebene   Erdkruste   Unterwasservulkan   Ozeanrücken   Tiefseegraben

▼ Auf dem Meeresgrund gibt es Ebenen und Berge, genau wie an Land. An langen Ozeanrücken entsteht neues Gestein.

Der Planet des Lebens

88 **Auf der Erde gibt es Millionen verschiedener Lebewesen.** Bis jetzt hat man auf keinem anderen Planeten Leben entdeckt. Bei uns gibt es Lebewesen, weil es warm genug ist, weil es Wasser gibt und weil die Luft Sauerstoff enthält. Wenn wir Planeten mit ähnlichen Bedingungen entdecken, könnten wir dort auch Leben finden.

89 **Viele Lebewesen sind klein – so klein, dass man sie mit bloßem Auge nicht sehen kann.** Der Walhai ist der größte Fisch der Erde, aber er frisst nur winziges Plankton. Das sind pflanzenähnliche Meeresbewohner, die sich ihre Nahrung aus Sonnenlicht und Meerwasser selbst herstellen. In der Erde und sogar auf unserer Haut leben winzige Bakterien.

▲ Der Walhai ist zwar der größte Fisch der Meere, aber er frisst nur winzige Krabben und Plankton (rechts).

90 **Ohne Pflanzen können keine Tiere leben.** Eine Pflanze stellt ihre Nahrung aus Sonnenlicht, Wasser, Luft und Mineralien aus dem Boden selbst her. Tiere können keine Nahrung herstellen, darum müssen sie Pflanzen oder andere Tiere fressen.

◄ Diese Raupe frisst sich an Pflanzen satt, ehe sie sich verpuppt und in einen Schmetterling verwandelt.

91   **Auch in der Luft leben Tiere.** An warmen Tagen bilden Mücken große Wolken über dem Boden. Im Frühling und Herbst fliegen Scharen von Vögeln in andere Erdteile, um zu nisten oder zu überwintern. An Sommerabenden jagen Fledermäuse nach Insekten.

92   **Auf dem Boden leben viele kleine Tiere, Mäuse huschen durch das Gras.** Rehe und andere größere Tiere verstecken sich im Gebüsch. Der Elefant ist das größte Landtier. Er braucht sich nicht zu verstecken, weil ihn nur wenige Tiere angreifen.

93   **Sogar unter der Erde leben Tiere. Regenwürmer findet man häufig beim Umgraben.** Sie ziehen verrottende Pflanzen in die Erde und fressen sie. Maulwürfe graben Gänge in die Erde und fressen Regenwürmer.

KAUM ZU GLAUBEN!
Der Maulwurf hat an seiner Nase Tastkörperchen, die ihm bei der Beutesuche helfen.

Die Erde braucht Schutz

94 Viele nützliche Rohstoffe stammen aus der Erde. Man stellt daraus Kleider, Gebäude, Möbel und Gefäße wie Blechdosen her. Manche Materialien halten sehr lange, etwa die, aus denen man Häuser baut. Dosen und Flaschen braucht man meist nicht mehr, wenn sie leer sind.

95 Manche Rohstoffe sind bald erschöpft. Metalle findet man in Gestein, das man Erz nennt. Ist alles Erz verbraucht, kann man keine neuen Metalle mehr herstellen. Holz wächst immer wieder nach, es kann nicht aufgebraucht werden. Es dauert aber lange, bis junge Bäume groß werden, darum dürfen wir nicht zu viel Holz verbrauchen.

1. Alte Flaschen werden in Containern gesammelt.

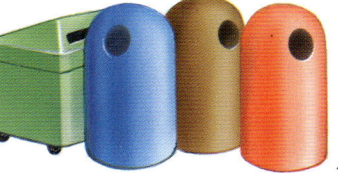

2. Aus Glas und Plastik kann man Rohstoffe herstellen.

3. Aus den Rohstoffen werden neue Flaschen gemacht.

▲ Aus dem Müll, der gesammelt und sortiert wird, kann man viele nützliche Dinge für den täglichen Gebrauch machen.

Auspuffgase von Autos sammeln sich in der Atmosphäre an.

96 Rohstoffe reichen länger, wenn wir sie wiederverwerten. Metalle, Glas und Plastik werden nach dem Gebrauch oft weggeworfen. Früher brachte man sie auf Deponien. Heute werden sie recycelt. Das bedeutet, dass man sie zu Fabriken zurückschickt, wo wieder etwas Nützliches daraus gemacht wird.

Fabrikschornsteine stoßen Chemikalien aus, die sauren Regen verursachen können. Schmutzwasser wird in Seen und Flüsse geleitet.

▼ Auf diese Weise wird unser Planet heute geschädigt. Wir müssen uns Wege überlegen, ihn in Zukunft besser zu behandeln.

Das Abholzen von Bäumen schadet den Wäldern und den Tieren.

Abfall wird in Flüsse gekippt.

98 Luft und Wasser der Erde werden verschmutzt. Beim Verbrennen von Kohle und Öl entsteht Rauch, der den Regen sauer macht. Saurer Regen schädigt den Boden und tötet Bäume. In Fabriken entsteht Schmutzwasser, das oft in Flüsse und Seen geleitet wird und dort die Lebewesen gefährdet.

99 Man kann das Leben schützen. Große Gebiete wurden in Naturparks verwandelt, in denen die Menschen Pflanzen und Tiere kennen lernen können.

100 Die Erde ist fast fünf Milliarden Jahre alt. Aus einem Klumpen geschmolzenen Gesteins hat sie sich in einen Planeten voller Leben verwandelt. Das soll auch so bleiben. Jeder kann helfen, indem er das Licht ausschaltet, um Energie zu sparen, oder Abfall aufhebt.

97 Wir brauchen viel Brennstoff, um Energie zu gewinnen. In Kraftwerken werden Kohle und Öl verbrannt, um Elektrizität zu erzeugen. Öl wird auch als Treibstoff für Autos gebraucht. Das Öl aus der Erde reicht nicht ewig. Forscher suchen nach Wegen, die Kraft von Wind und Wellen auszunutzen. Mit großen Windrädern kann man Elektrizität gewinnen.

KAUM ZU GLAUBEN!

Bis zur Mitte des 21. Jahrhunderts könnten 30 bis 50 Prozent der jetzt lebenden Arten ausgestorben sein.

Register